Easy Riding

Snowboard Freestyle Book

Hansi Herbig wurde 1973 in München geboren. Ab 1997 baute er mit Freunden das Pleasure Snowboard Magazin auf. Seit 2002 arbeitet er als freier Fotograf für deutsche und internationale Zeitschriften wie Snowsurf, Whitelines, Snowstyle, Transworldsnowboarding und Snowboarder.

cc / 23

EASY

Snowboard Freestyle Book

Hansi Herbig
mit Texten von Bene Heimstädt,
Christian Bach, Anke Eberhardt
Sequenz-Morphs von Michael Bader

RI DI NG

Tropen Verlag

Unglaublicher Frontside 1080° Double Cork von David Benedek auf der Zugspitze

Inhalt

Vorwort 8
Was wichtig ist 13
Sicheres Brettgefühl 15
Gutes Material und richtige Montage 15
Sicherheit für alle 16
Zusätzliche Sicherheit durch Protektoren 17
Allgemeines 18

Kicker

Kick it like ... 23
Straight Air 24
Frontside Nosebone 26

Frontside Spins 28
Frontside 180° Frontside Nosebone 30
Frontside 360° Frontside Nosebone 32
Frontside 540° Melon Grab 34
Frontside 720° Tailgrab 36

Backside Spins 38
Backside 180° Backside Grab 40
Backside 360° Tailgrab 42
Backside 540° Indy Grab 44
Backside 720° Mute Grab 46

Switch Kicker 48
Half Cab Backside Tweaker 50
Switch Frontside 360° Frontside Nosebone 52
Cab 540° Tailgrab 54
Switch Frontside 720° Tailgrab 56
Switch Backside 180° Mute Grab 58
Switch Backside 360° Stalefish Grab 60
Switch Backside 540° Indy Grab 62
Switch Backside 720° Mute Grab 64
Backflip 66

Halfpipe

Ceci n'est pas une pipe 70
Stalefish Grab 74
Frontside Nosebone 75
Backside Air 76

Indy Air 78
Air to Fakie 80
Frontside 360° Nosegrab 82
Backside 360° Mute Grab 85
McTwist 87
Frontside Alley Oop Nosebone 88
Backside Alley Oop Indy 90
Backside 360° Alley Oop Nosegrab 92
Caballerial Indy 94
Haakenflip 97
Handplant 98
Frontside Invert 101

Hips and Corners 102
Frontside Tailgrab an der Hip 104
Backside Air an der Hip 106

Rail

Railway to Heaven 110
Frontside 50/50 112
Backside 50/50 114
Nosepress 116
Backside Boardslide 118
Frontside Boardslide 120
Frontside Lipslide 122
Backside Lipslide 124
Frontside 5-0 Frontside 180 out 126
Tailslide 270° off 128
Barely Grind 130
50/50 Ollie out to 50/50 132
50/50 Ollie out to Boardslide to Fakie 134
50/50 FS 180° to switch 50/50 to switch FS Boardslide 90 off 136

Tips von David Benedek & Stefan Gimpel 141
Girls just wanna have fun 145
Rider Profiles 148
Resorts 150
Glossar 152

Vorwort

Kaum eine andere Sportart hat eine derartig rasante Erfolgsgeschichte hinter sich wie das Snowboarden. Dabei ist bis heute nicht einmal genau nachvollziehbar, wie alles anfing. In den späten 70er Jahren, nur soviel ist sicher, begann in den USA ein Mann namens Jake Burton Carpenter eine kleine Anzahl von Snowboards herzustellen. Er war zwar damals nicht der Einzige, der davon träumte, die Berge der amerikanischen Ostküste statt mit zweien, mit nur einem Brett unter den Füßen hinunterzufahren, doch seine Garage sollte die Geburtstätte eines Konzerns werden, der bis heute den Weltmarkt anführt und symbolisch für die Revolution im Wintersport steht, die das Snowboarden ausgelöst hat.

Inspiriert von den Brettern der Wellenreiter, waren die ersten Snowboards noch klobig, ohne Kanten und mit sehr experimentellen Bindungsschlaufen ausgestattet. Wer sich damit in die Tiefschneehänge wagte, war im wahrsten Sinne des Wortes ein „Freak", verstand sich selbst als solcher und war sich ganz bestimmt nicht bewußt, daß er Teil einer Bewegung war, die auf alle Erdteile überschwappen sollte, auf denen es nennenswerte Niederschläge in Form von Schnee gibt.

Angetrieben vom rebellischen Geist der Jugend, erstritten sich die Pioniere des Snowboardings ihren Platz im Wintersport. Nicht wenige Gebiete verwehrten ihnen zunächst den Zugang zu den Liftanlagen, die den Skifahrern vorbehalten waren und kaum jemand brachte den Snowboardern anderes als Unverständnis und Skepsis entgegen.

Ein paar Jahre zuvor hatten die Skateboarder begonnen, die tristen Beton- und Asphaltwüsten der Städte zu erobern, sie als unbekannte Räume kreativer Entfaltung auf vier Rollen neu zu interpretieren und die urbane Architektur trotz aller Verbote einer neuen kreativen Nutzung zuzuführen.

Bei den Snowboardern fielen die Einflüsse der Skateboardszene mit ihrer Nähe zum Punk und dem „Outlaw"-Image auf fruchtbaren Boden. Die schnell wachsende Gemeinde der Snowboarder riß Mauer um Mauer des Widerstands ein. Sie eroberten die Skiorte und Pisten und brachten nicht nur neue Outfits, sondern auch neue Werte und eine völlig neue, bis dahin unbekannte Perspektive in den Wintersport: Sie sahen den Berg als gigantischen Spielplatz, auf dem man sich gemeinsam mit Freunden austoben konnte.

Die aus dem Skateboarding herrührende, manchmal aggressive Kreativität, die in den komplexen Tricks der Fahrer zum Ausdruck kam, vermischte sich mit den Einflüssen des Surfens und traf auf die Gegebenheiten sich ständig verändernder alpiner Bergwelten. Aus dieser Mischung entstand das Freestyle Snowboarding und die Wintersport-Revolution nahm ihren Lauf.

Während zu Beginn nur „Freaks" mit einem Snowboard an den Füßen in den Wintersportgebieten auftauchten, setzte schließlich eine rasante Entwicklung ein: Snowboarden wurde durch eine immer größer werdende Zahl an Zeitschriften und Videos zum globalen Trend. Es entwickelte sich eine eigenständige Industrie, die alle benötigten Produkte auf den Markt warf und sich eine Medienlandschaft leistete, die den Informationshunger der Snowboarder bildgewaltig zu stillen vermochte. Spektakuläre Videoaufnahmen und Poster von Fahrern, die durch unberührte Tiefschneehänge schneiden oder in glitzernden Schneekristallwirbeln von Felsen springen, inspirierten Jugendliche und Junggebliebene dazu, sich ihrerseits auf die Bretter zu stellen.

Doch gerade der große Erfolg und das rasante Wachstum des Sports zwingt das Snowboarden seither in einen Spagat. Die seelenverwandten Skateboarder müssen sich nach wie vor die städtischen Terrains erobern und werden noch immer von den Nachbarn als Ruhestörer, von Polizisten als Gesetzesbrecher und von der Stadtverwaltung als Sachbeschädiger gesehen, was sie als Szene zusammenschweißt. Die Snowboarder hingegen wurden von denen, gegen die sie rebellierten, plötzlich als Wirtschaftsfaktor, Zielgruppe und potentielle Kunden entdeckt. Im Sog des Mainstreams bekam Snowboarden in der Öffentlichkeit ein junges, frisches und sportives Image, das auch für branchenfremde Hersteller reizvoll war. Snowboarden wurde zum neuen Trend des jugendlichen Breitensports und erschloß sich nicht nur den eingefleischten Individualisten, die sich mit ihrer Sportart identifizierten und ein Lebensgefühl damit verbanden, sondern wurde auch zu einer beliebten Beschäftigung der sporttreibenden Masse.

Heutzutage sind Snowboarder in allen Gesellschafts- und Altersschichten zu finden. Die Fortschritte in der Materialentwicklung, bei der Brettkonstruktion sowie bei Schuhen und Bindungen sind enorm, seit die Entwicklungsabteilungen großer Konzerne die richtigen Produkte für jedes Fahrerniveau und jeden Einsatzbereich liefern. Parallel dazu ist das Level der Profis und anderer Topfahrer gestiegen. Immer weiter, immer höher geht es und die Tricks, die die Besten mit schlafwandlerischer Sicherheit landen, sind technisch oft so anspruchsvoll, daß sie für den Gelegenheitssnowboarder scheinbar kaum noch nachvollziehbar sind.

Und doch – bei aller Entwicklung des Sports gibt es eine unerschütterliche Konstante im Freestyle Snowboarding: den Spaß mit Freunden am Berg eine Session zu fahren. Wer einmal das Stadium des Herumrutschens überwunden hat und sich an einer noch so kleinen Pistenkante wiederfindet, um dort mit anderen einen neuen Trick zu lernen, wird schnell verstehen, was mit den oft zitierten „wahren Werten" des Snowboardens gemeint ist:

Die Faszination, in der Natur Spaß, Freundschaft, Zusammenhalt und Kreativität ohne die Notwendigkeit irgendwelcher vorgegebener Strukturen er- und ausleben zu können. Das ist es, was Snowboarden ausmacht. Und dabei spielt es keine Rolle, ob man sich ganz am Anfang seiner „Trickkarriere" befindet und mit Frontside 180° kämpft, oder bereits spektakuläre Tricks übt.

Freestyle Snowboarding erfordert die Fähigkeit, die Natur, das Gelände, den Berg mit anderen Augen sehen zu können. Bodenwellen und kleine Kanten, Schneehaufen und Mulden zu erkennen und sie entsprechend zu nutzen. Die Profis machen das im großen Maßstab, im offenen Gelände, mit Hubschraubern als Aufstiegshilfen und auf Bergen, die zuvor vielleicht noch nie jemand befahren hat. Doch auf jedem Berg, auf jedem Hügel bieten sich Möglichkeiten, die man nur erkennen (lernen) muß.

Die nötige Inspiration und das technische Rüstzeug um diese Dimension des Snowboarding zu erfahren, will dieses Buch vermitteln. Jede gute Idee läßt sich schließlich mit ein bißchen Hilfestellung schneller realisieren. Übrigens: So unmöglich es ist, einem Nicht-Snowboarder das Gefühl eines Powderturns in einem unberührten Hang bei strahlendem Sonnenschein zu beschreiben, so unmöglich ist es auch, die innere Zufriedenheit in Worte zu fassen, mit der man nach einem Snowboardtag nach Hause fährt, an dem man einen neuen Trick gelernt hat.

Was wichtig ist

Die ersten Versuche, den Berg mit dem Snowboard zu bezwingen, verlaufen bei allen Neulingen praktisch identisch. Es beginnt stets mit der Erkenntnis, daß man mit zwei auf einem Brett festgeschnallten Füßen kaum selbständig aufstehen, geschweige denn irgendwelche gewagten Manöver ausführen kann. Mit der richtigen Anleitung und ein paar kleinen Tips lassen sich aber sehr schnell erste Fortschritte erzielen und die nächste Evolutionsstufe der Spezies Snowboarder erreichen. Und die Wandlung vom sitzenden zum fahrenden Snowboarder macht schnell Lust auf mehr.

Mit ausreichender Übung wird dann – mit individuell sehr unterschiedlicher Entwicklungsgeschwindigkeit – das Fahren perfektioniert. Dabei stets das große Ziel des unendlichen Schwungs im hüfttiefen Pulverschnee vor Augen! Nicht wenige widmen der Tiefschneejagd ihr gesamtes Snowboarderleben, andere aber erkennen schnell, daß die nächste Stufe völlig logisch folgt: Sie führt vom fahrenden zum springenden Snowboarder. So naheliegend diese Entwicklungsstufe ist, so schwer ist sie zu meistern.

Wer sein Snowboard nicht nur zum Fahren benutzen, sondern springen und im Zuge dessen auch Tricks lernen will, dem werden sich am Berg eine Vielzahl von Möglichkeiten bieten, das Gelände zu nutzen. Mit jedem neu erlernten Trick werden sich neue Wege auftun, und nach und nach wird sich einem erschließen, was mit „Freestyle" gemeint ist. Dieses Buch ist für diejenigen Fahrer gedacht, die sich auf ihrem Brett bereits sicher fühlen und nun mehr aus ihrem Snowboarden machen – eben richtig freestylen wollen!

Bevor im Folgenden die verschiedenen Bereiche des Freestyle Snowboarding vorgestellt und anhand exemplarischer Tricks erläutert werden, gilt es noch einige wichtige Voraussetzungen zu benennen.

Voraussetzung: Sicheres Brettgefühl

Mit dem Snowboarden ist es genauso wie mit anderen Dingen im Leben: Wenn man nicht auf die Nase fallen will, sollte man auch hier den zweiten Schritt nicht vor dem ersten tun. Wer sich an gesprungene Tricks wagt, sollte sein Brett in allen Fahrsituationen bereits sicher beherrschen. Dazu gehört vor allem, technisch saubere Schwünge auf der Kante fahren zu können. Es ist auch nicht verkehrt, wenn man bereits fakie (also rückwärts mit dem eigentlich hinteren Fuß vorne) ein paar Turns machen kann.

Natürlich kann man auch schon als unsicherer Fahrer einfache Tricks üben. Man gelangt dann allerdings sehr schnell an die eigenen Grenzen, die Verletzungsgefahr steigt und die Motivation nimmt rapide ab. Also nichts überstürzen und lieber noch ein bißchen an Fahrsicherheit und Brettgefühl arbeiten, bevor man sich an komplizierte Manöver heranwagt. Indem man an Kanten und Hügeln kleine Sprünge, sogenannte Airs, versucht, kann man das Brettgefühl rasch verbessern.

Voraussetzung: Gutes Material und richtige Montage

Wer Freestyle-Snowboarden will, sollte sich auf jeden Fall das richtige Material besorgen. Vor allem sollte das Brett die Fahrweise unterstützen und nicht behindern. Will man mit seinem Board außerdem springen, steigen die Anforderungen an das Material. Im Handel sind Freestyle-Boards erhältlich, deren Eigenschaften speziell abgestimmt sind, sogenannte Allround-

Boards hingegen sind vielseitig einsetzbar. Softboots und eine entsprechende Bindung sind in jedem Fall unerläßlich.

Wichtig ist nicht nur das passende Material, Board und Bindung sollten zudem auch richtig montiert werden. Es empfiehlt sich, den „Stance"(den Abstand zwischen vorderer und hinterer Bindung) großzügig auf mindestens Schulterbreite zu erweitern. Ein veränderter Stance ist eine große Umstellung, die eine gewisse Eingewöhnungszeit erfordert. Davon sollte man sich aber nicht abschrecken lassen, denn ein größerer Abstand ist zwar weniger komfortabel, bietet aber mehr Stabilität beim Landen. Nahezu alle fortgeschrittenen Fahrer montieren außerdem die hintere Bindung in einem negativen Winkel, so daß der hintere Fuß zwischen 0° und 10° nach außen gedreht ist. Beim Vorwärtsfahren merkt man das kaum, es erleichtert das Rückwärtsfahren aber ungemein. Erfahrungsgemäß ist die Bindungsmontage im übrigen ein experimenteller Prozeß. Auch sehr gute Fahrer verändern ihre Einstellungen von Zeit zu Zeit. Entscheidend ist, ob man sich wohl fühlt.

Voraussetzung: Sicherheit für alle

Freestyle-Snowboarder sind nicht sonderlich verletzungsgefährdet, wenn sie sich auf ihren gesunden Menschenverstand verlassen und Vernunft walten lassen. Um einen neuen Trick zu lernen, wird man zwar öfter den inneren Schweinehund und vielleicht auch eine gewisse Angst überwinden müssen, aber man sollte sich nie überschätzen. Um die benötigte Geschwindigkeit an großen Schanzen richtig einschätzen zu können, ist viel Übung erforderlich. Alle grundlegenden Tricks lassen sich zunächst an kleinen Kickern üben. Man sollte versuchen, immer die Kontrolle zu behalten, denn für jeden Fehler bezahlt man Lehrgeld.

Zudem sind vor allem in Snowparks und in der Pipe Grundregeln zu befolgen, die ein ungefährliches Miteinander erst ermöglichen. Also merken:

– Niemals in der Landungszone eines Kickers aufhalten! Sie ist von oben nicht einzusehen, und nachfolgende Fahrer haben in der Luft keine Chance auszuweichen.

– Nach Stürzen die Landung sofort verlassen, evtl. verlorene Ausrüstungsgegenstände wie Brillen oder Mützen erst dann holen, wenn sicher ist, daß von oben kein weiterer Fahrer kommt. Als Zeuge eines Sturzes sofort Zeichen nach oben geben, daß die Landung blockiert ist!

– Nicht vordrängeln! Wenn mehrere Fahrer darauf warten loszufahren, hinten anstellen.

– Handzeichen geben. Besonders an der Pipe, aber auch vor Kickern, ist die Kommunikation mit den anderen wichtig, um Zusammenstöße zu vermeiden. Kontakt mit den anderen Wartenden suchen und den Arm als Zeichen dafür heben, daß man als Nächster fahren will.

– Immer nach oben schauen, bevor man quert. Nicht in Anfahrtsspuren einfahren oder stehen bleiben.

Auch als Neuling wird man mit Hilfe dieser Regeln, Geduld und Zurückhaltung sehr schnell mit den Gepflogenheiten und Umgangsformen in den Snowparks dieser Welt vertraut werden.

Empfehlung: Zusätzliche Sicherheit durch Protektoren

Absolut empfehlenswert ist außerdem der Gebrauch geeigneter Schutzkleidung, die inzwischen auch speziell für Snowboarder angeboten wird. Die gängigen Protektoren, die der Schutzkleidung aus dem Motorradsport stark ähneln, schützen

Rücken und Steiß und können unter der Jacke getragen werden. So genannte „Crashpants" werden unter der Hose getragen und sind an Steiß und Hüfte speziell gepolstert. Obligatorisch ist inzwischen das Tragen eines Helms. Protektoren schützen nicht nur die Gesundheit, sondern geben dem Fahrer zudem Sicherheit und Selbstbewußtsein, um neue Tricks zu landen. Beim Freestyle ist vieles Kopfsache – ein guter Grund, einen Helm zu tragen.

Allgemeines

In der Sprache der Snowboarder sind viele Begriffe gebräuchlich, die nicht im Duden zu finden sind. Schanzen heißen Kicker, Sprünge Airs und jeder Trick hat eine spezielle Bezeichnung. Sollte im Folgenden ein unbekanntes Wort auftauchen, so hilft das Glossar am Ende des Buches weiter.

Wer das in „Easy Riding" vermittelte Wissen in die Praxis umsetzen will, wird schnell merken, daß selbst die einfachen Tricks wesentlich schwieriger sind, als die Fotos der Profis zunächst glauben machen. Die Erfahrung lehrt, daß nur geduldiges und ausdauerndes Üben den erhofften Erfolg bringt. Also nicht verzagen! Jeder gute Fahrer wird bestätigen, daß ein Trick nur dann funktioniert, wenn man ihn „denken", ihn komplett und detailliert vor dem geistigen Auge sehen kann. Also Fotos und bessere Fahrer im Gelände genau studieren, die Bewegungsabläufe verinnerlichen und visualisieren, und dem Freestyle-Spaß steht nichts mehr im Wege. Auf geht's!

K I

C K

E R

Kick it like ...

Kicker, Booter, Cheese Wedge – die Sprungschanzen oder Rampen haben beim Snowboarden unterschiedliche Bezeichnungen, Kicker ist die geläufigste. Damit ist eine Schanze gemeint, über die ein gerader Sprung ausgeführt wird, beim dem Absprung und Landung in derselben Bewegungsrichtung erfolgen. Kicker können von Pistenraupen im Funpark aufgeschoben, oder in mühevoller Handarbeit abseits der Piste geschaufelt werden.

Egal ob zwischen Absprung und Landung ein Gap liegt, ob es über ein plattgewalztes Table geht, oder ob man ein Stück weit „bergauf" springen muß, um einen Step Up zu schaffen: Unabhängig von der Form des Kickers ist der grundsätzliche Ablauf eines solchen Sprungs immer gleich. Er beginnt stets mit einer möglichst geraden Anfahrt, während der die nötige Geschwindigkeit aufgenommen wird. Beim Absprung drückt man sich mit einem Ollie ab, dem die Flugphase folgt. Während dieser Zeit werden eventuelle Tricks ausgeführt, die hoffentlich mit einer sicheren Landung enden.

Um nicht entweder zu kurz oder zu weit zu springen, ist die richtige Geschwindigkeit für den Absprung der entscheidende Faktor. Stimmt diese, entscheidet der Ollie über Flugkurve und Luftstand, um die Flugphase (Airtime) optimal nutzen zu können. Ob ein Sprung tatsächlich gelungen ist, zeigt sich erst bei der Landung, die so sauber wie möglich ausgeführt werden sollte. Speed, Airtime, Landung – das sind die drei Kriterien für einen guten Sprung.

Kicker-Fahren ist Kopfsache. Man sollte unbedingt in der Lage sein, den Sprung in jeder Phase zu kontrollieren. Auch

Fredi Kalbermatten fliegt stylisch über einen Riesen-Kicker

hier ist eine vorsichtige Selbsteinschätzung hilfreich. Man sollte nie einen Kicker springen, bei dem man kein gutes Gefühl hat und den man sich eigentlich noch nicht zutraut. Lieber noch ein paarmal bei einem kleineren Sprung Selbstvertrauen sammeln, anstatt eine Verletzung zu riskieren. Kicker richtig einschätzen zu können, ist eine Frage der Erfahrung. Um sich auf die Aneignung einer sauberen Technik konzentrieren zu können, ist es ratsam, sich bewußt langsam zu steigern. Übrigens: Die Größe der Kicker wird in der Länge des Tables gemessen, also dem Abstand von der Kante des Absprungs bis zur Oberkante der Landung.

Leider sind die in den verschiedenen Snowparks angebotenen Kicker oft von sehr unterschiedlicher Qualität. Entscheidend für einen guten Kicker ist das Zusammenspiel der Neigung von Absprung und Landung in Verbindung mit der Größe des Tables und der Länge der Landung. Je besser diese Faktoren zusammenpassen, desto einfacher ist es, die richtige Absprunggeschwindigkeit zu finden. Als Faustregel gilt: Je steiler der Absprung, desto steiler muß auch die Landung sein – vorausgesetzt sie ist lang genug.

Straight Air

Für den Straight Air sollte man zuerst einen sauberen Ollie beherrschen. Dabei sind die Skateboardfahrer eindeutig im Vorteil, da sie den Bewegungsablauf bereits verinnerlicht haben.

Aber der Ollie ist auch auf dem Snowboard leicht zu erlernen: Man verlagert dazu sein Gewicht auf den hinteren Fuß, zieht gleichzeitig den vorderen Fuß an und drückt sich dann über das Tail ab. Anschließend zieht man beide Beine an und sollte sich nun in der Luft befinden. Nicht vergessen: Der Ollie ist ein Sprung, die Spannkraft des Brettes wirkt nur unterstützend, das aktive Abspringen ist das entscheidende Kriterium für einen hohen Ollie. Das liest sich zwar umständlich, wird aber schnell zu einer flüssigen Bewegung und ist als Basis eines jeden guten Tricks unerläßlich. Schließlich sieht ein Trick, der mit „Pop" abgesprungen wird um ein Vielfaches besser aus, als einer, der gerade mal einen Meter mehr Höhe hat als der Kicker, von dem aus er startet. Außerdem ist es immer besser den Kicker zu drücken, als sich von ihm drücken zu lassen, d.h. ein Ollie bringt nicht nur Höhe, sondern auch Kontrolle.

Indem man nach dem Absprung die Beine angezogen läßt, also kompakt bleibt, behält man in der Luft die Kontrolle. Dies ist auch die Grundvoraussetzung für Grabs, die deshalb ihrerseits eine bessere Kontrolle bringen. Der Griff ans Brett hat zur Folge, daß man während der gesamten Flugphase kompakt bleibt und nicht verkrampft und steif durch die Gegend fliegt. Zudem sieht ein Trick mit Grab meistens auch noch besser aus. Ob man dazu noch „boned", d.h. das vordere oder hintere Bein durchstreckt, sich ins Hohlkreuz legt, also „tweakt", oder aber Ober- gegen Unterkörper verdreht und einen Shifty macht – der Straight Air ist ein absolut überragender Trick, der sich nicht hinter den Spin-Tricks zu verstecken braucht! Wenn man einen neuen Kicker ausprobiert, sollten der Einfachheit halber Straight Airs grundsätzlich erste Wahl sein, da man hier Flugphase und Landung am besten unter Kontrolle hat.

Beim Landen ist es vor allem wichtig, tief in die Knie zu gehen und den Aufprall abzufedern. Übrigens: Auch wenn sich der Straight Air noch so gut und stylisch angefühlt hat – Hochreißen der Arme und lautes „Yeah"- oder „Toll"- Geschrei gilt es zu vermeiden, wenn man nicht zum Quotenidioten des örtlichen Funparks avancieren will.

Frontside Nosebone Stefan Gimpl

1 Am besten schaut man sich bei den anderen Fahrern im Park ab, wieviel Schwung man benötigt, um beim Kicker die Landung gut zu treffen.
2 In der Hocke auf den Kicker zufahren und Kraft für den Ollie sammeln.
3 Sich plan mit einem Ollie abdrücken.
4 Beine anziehen und sich auf den Grab vorbereiten.
5 Beim Frontside Nosebone wird mit der hinteren Hand zwischen den Bindungen an die Zehenkante des Boards gegriffen.
6 Wenn man das Brett in der Hand hat, streckt man das vordere Bein durch.

7 Die Landung wird fixiert, der Grab aber noch gehalten.
8 Zum Landen streckt man die Beine ein wenig und fängt den Aufprall mit den Knien ab.
9 Und ab zum Lift für die nächste Runde.

Frontside Spins

Die zwei Drehrichtungen Frontside und Backside unterscheidet man danach, welche Boardkante direkt nach dem Absprung in Flugrichtung nach vorne zeigt. Frontside bedeutet, daß man den Oberkörper in Richtung Tal dreht und deshalb nach 90° die Zehen- oder Frontside-Kante in Flugrichtung, also normalerweise talabwärts, zeigt.

Eine halbe Drehung nennt man 180°, eine volle 360°, eine eineinhalbfache wäre der 540°, und zwei ganze Drehungen ergeben einen 720°. Bezeichnet werden die Spins übrigens meistens Englisch, also „One Eighty" oder „Five Forty". Aber auch mit einem „Dreisechziger" oder einem „Siebener" liegt man nicht falsch.

Die Schwierigkeit bei den Frontside Spins liegt darin, daß man bei den ganzen Drehungen blind in die Landung hineinsegelt, bei denen, die mit einer halben Drehung enden, landet man fakie bzw. switch, was soviel bedeutet wie andersherum. Das heißt, man landet nicht in der gewohnten Fahrtrichtung, sondern hat den eigentlich hinteren Fuß vorne. Das Fakie-Fahren läßt sich gut auf der Piste üben und man sollte sich damit einigermaßen sicherfühlen, bevor man mit den Sprüngen anfängt.

Spins werden generell nicht plan von der Base abgesprungen, sondern man drückt sich beim Ollie leicht von der Kante ab. Frontside Spins springt man von der Fersenkante ab, ohne dabei aus dem Kicker zu rutschen. Das sieht nicht nur besser aus, sondern vermindert gerade bei schnell angefahrenen Kickern die Gefahr des Verkantens beim Absprung. Außerdem sollte man unbedingt darauf achten, mit dem Drehen in Richtung Frontside erst dann zu beginnen, wenn man tatsächlich vom Kicker wegspringt. Seitliches Rausrutschen, unabsichtliches Vordrehen auf dem Kicker und lasches Wegspringen sind zu vermeiden, denn sie kosten Höhe, Kontrolle und vor allem Style.

Folglich springt man in einer flüssigen Bewegung von der Backside-Kante geradeaus vom Kicker weg und beginnt dabei Kopf und Schultern in Richtung Tal einzudrehen. Wenn es beim ersten Versuch nicht klappt, so ist der wahrscheinlichste Fehler, daß Kopf und Schultern nicht weitergedreht wurden.

In der Luft sollte man auf jeden Fall kompakt bleiben, wozu sich auch bei Spins ein unterstützender Grab anbietet. Besonders einfach macht man es sich mit Frontside und Melon Grabs, da beide dafür sorgen, daß der Oberkörper automatisch in Richtung Frontside weiterdreht.

Beim Landen wie immer mit ausgestreckten Beinen den Aufprall abfangen. Sowohl bei über- als auch bei unterrotierten Spins ist beim Landen unbedingt die bergseitige Kante zu belasten. Andernfalls „fängt" sich die talseitige Kante und man wird kopfüber in den Schnee katapultiert. In den seltensten Fällen reicht dann die Reaktionszeit, um sich abzustützen – ein oft schmerzhafter Sturz ist unvermeidlich.

Frontside 180° Frontside Nosebone Stefan Gimpl

1 In der Hocke anfahren.
2 Mit einem Ollie von der Backside-Kante abspringen und dabei leicht den Oberkörper in Richtung Tal eindrehen.
3 Da hier regular gefahren wird, ergibt sich automatisch eine leichte Drehung gegen den Uhrzeigersinn, sprich in Richtung Frontside.
4 Kompakt bleiben und mit der hinteren Hand zwischen den Bindungen an die Zehenkante greifen.
5 Bonen für den Style, d.h. den vorderen Fuß durchdrücken.

6 Langsam weiter in Richtung 180° drehen.
7 Beine strecken.
8 Landen und dabei in die Knie gehen.
9 Fertig! Jetzt wartet der Frontside 360° ...

Frontside 360° Frontside Nosebone Stefan Gimpl

1 In der Hocke anfahren.
2 Schultern parallel zur Frontside-Kante halten.
3 Abspringen von der Backside-Kante und dabei kraftvoll Kopf und Oberkörper in Richtung Frontside, also talwärts, eindrehen.
4 Beine anziehen und kompakt werden.
5 Frontside Grab ausführen, dabei Kopf und Oberkörper weiterdrehen und bonen.
6 Kopf und Oberkörper trotzdem weiterdrehen.

7 Man sollte versuchen, an Hinterteil und Beinen vorbei die Landung zu erspähen.
8 Ist sie in Sicht: Beine ausstrecken. Wenn nicht: unbedingt weiterdrehen!
9 Abfedern und weiterfahren.

Frontside 540° Melon Grab Marko Grilc

1 In der Hocke anfahren.
2 Mit dem Oberkörper ein wenig Schwung für den Frontside 540° holen und Schultern in Richtung Berg drehen.
3 Dabei immer den Absprung im Auge behalten!
4 Gerade und in einer Bewegung von der Fersenkante abspringen, Kopf und Oberkörper in Richtung Frontside eindrehen.
5 Nach 180° Melon greifen, d.h. mit der vorderen Hand zwischen den Bindungen an die Fersenkante.

6 Deswegen und weil Kopf und Oberkörper weiterdrehen, sind 360° schnell erreicht.
7 Nach 450° durch das Lösen des Grabs und Ausstrecken der Beine die Rotation abfangen und sich auf die Landung vorbereiten.
8 Je weiter man springt, desto tiefer muß man in die Knie gehen.
9 Aufpassen, daß man sich nicht mit einer Kante im Schnee verhakt und den Trick ausfahren.

Frontside 720° Tailgrab Marko Grilc

Vorweg: Der Frontside 720° Tailgrab ist ein schwieriger Trick. Zuerst einmal muß man einen 720° schaffen, denn der Tailgrab blockiert tendenziell die Drehrichtung. Deswegen ist es ratsam, den Frontside 720° erst einmal mit einem Frontside oder Melon Grab zu probieren.

1 In der Hocke anfahren und Oberkörper entgegen der Spinrichtung aufziehen.
2 Gerade und mit voller Kraft von der Fersenkante abspringen und dabei Kopf und Schultern in Richtung Frontside eindrehen.

3 Schafft man den Spin? An dieser Stelle sollte man bereits wissen, ob der Schwung für zwei volle Drehungen reicht. Notfalls nur einen 540° machen!
4 Kopf und Oberkörper weiterdrehen, kompakt bleiben und dabei mit der hinteren Hand mittig ans Tail des Boards greifen.
5 Weiterdrehen!
6 Zwischen 450° und 630° den Grab auflösen und anfangen nach der Landung Ausschau zu halten.
7 Landen wie beim Frontside 360°.
8 Direkt beim nächsten Kicker-Contest teilnehmen und mit dem neuen Trick eine Top-Platzierung abstauben!

Backside Spins

Wenn man regular fährt, also den linken Fuß vorne auf dem Brett stehen hat, dreht man sich beim Backside Spin im Uhrzeigersinn. Nach dem Absprung zeigt der Rücken des Fahrers und seine Backside-Kante in Flugrichtung. Goofy-Fahrer haben den rechten Fuß vorne und drehen sich gegen den Uhrzeigersinn. Der Bewegungsablauf ist identisch, auch hier zeigt die Backside-Kante und der Rücken nach 90° in Flugrichtung.

Im Gegensatz zu den Frontside Spins werden Backside Spins von der Zehenkante abgesprungen. Auch hier gilt, daß nicht bereits auf dem Kicker vorgedreht und aus diesem herausgerutscht wird, sondern der Absprung mit einem kräftigen Ollie beginnt und erst dann Kopf und Oberkörper in Richtung Tail eingedreht werden. Durch Weiterdrehen wird die Drehung in der Luft aufrechterhalten. Während der Flugphase sollte der Körper nicht gestreckt werden, sondern kompakt bleiben, um Sicherheit zu gewährleisten. Dies wird durch Grabs, die möglichst lange gehalten werden, noch unterstützt. Für den Anfang bieten sich Mute-, Backside- und Tailgrabs an, da diese den Backside Spin nicht blockieren.

Je stärker Backside Spins über den hinteren Fuß abgesprungen werden, desto mehr „Inversion" bekommt der Trick in der Flugphase. Das sieht natürlich einigermaßen spektakulär aus, hat mit sauberer Technik allerdings nicht allzuviel zu tun. Deshalb sollte man von Anfang an darauf achten, beim Absprung zentriert über dem Brett zu stehen und in der Horizontalen zu drehen. Erst wenn man diese Technik sicher beherrscht, sollte man sich mit kontrollierter Inversion, also dem Überkopf-Drehen, beschäftigen.

Die Landephase ist bei Backside Spins leichter zu beherrschen, da man bei den vollen Drehungen, 360° und 720°, die Landung während der letzten 180° bereits anvisieren kann. Bei den halben Drehungen, sprich 180° und 540°, ist dies nicht möglich, sie müssen quasi blind gelandet werden (Man spricht deshalb beim Backside Spin zuweilen auch noch von Blindside). In der Praxis bedeutet dies, daß man sich beim Landen auf eine Mischung aus Brettgefühl, Erfahrung und dem „Vorbeischauen am hinteren Bein" verlassen muß. Anfangs wird das sicher einige Probleme bereiten, bevor mit der Routine auch der Spaß an halben Drehungen kommt.

Grundsätzlich gilt: Man sollte vor allem darauf achten, immer schön gerade aus dem Kicker zu springen und dabei den Backside Spin mit einer flüssigen Bewegung einzuleiten. Mit der Übung bekommt man relativ schnell das nötige Drehmoment, so daß bald 540° zu schaffen sind. Immer darauf achten, kompakt zu bleiben und Kopf und Schultern weiterzudrehen.

Backside 180° Backside Grab Stefan Gimpl

1 In der Hocke anfahren.
2 Die Schultern parallel zur Zehenkante halten.
3 Beim Absprung den Ollie kräftig von der Zehenkante abstoßen.
4 Leicht den Oberkörper in Richtung Tail drehen.
5 Beine wieder anziehen und den Grab einleiten.
6 Hier wird Backside gegriffen, d.h. mit der vorderen Hand zwischen den Bindungen an die Fersenkante.
7 Flugphase – entspannen und genießen.

8 Die Landung wird vorbei an der Zehenkante anvisiert. Wenn es bei 180° bleiben soll, den Oberkörper nicht zu weit eindrehen!
9 Beine wieder ausstrecken und die Landung abfedern.
10 Fakie, also rückwärts landen ist nicht einfach. Vorher Fakie-Fahren üben!
11 Gestanden!

Backside 360° Tailgrab Stefan Gimpl

1 In der Hocke anfahren.
2 Kurz vor dem Absprung ein bißchen Schwung für den Spin holen.
3 In dem Moment, in dem man sich kräftig abdrückt, beginnen sich Kopf und Oberkörper in Richtung Tail zu drehen.
4 Beine wieder anziehen.
5 Hier sieht man einen Tailgrab, bei dem mit der hinteren Hand mittig ans Tail des Boards gegriffen wird.
6 Schon nach 180° ist die Landung in Sicht. Ruhig bleiben, weiterdrehen.

7 Tail in der Hand behalten und fertig drehen.

8 Die Landung fixieren, Beine strecken und den Aufprall abfedern.

Backside 540° Indy Grab Marko Grilc

1 Beim Anfahren die Ollie-Position einnehmen.
2 Mit dem Oberkörper etwas mehr Schwung für den Spin holen als beim 360°.
3 Abspringen! Dabei den Spin in Richtung Backside einleiten.
4 Beine wieder anziehen und den Grab vorbereiten.
5 Hier wird Indy gegriffen, das Backside Spin-Äquivalent des Frontside Grabs, also mit der hinteren Hand an der Zehenkante zwischen den Bindungen.
6 Dabei darauf achten, den Spin nicht zu blockieren! Kopf und Schultern müssen weiterdrehen!

7 Ein leichtes Stretching-Gefühl im Oberarm deutet darauf hin, daß man alles richtig macht.
8 Nach vollendeten 360° sollte man sich nochmals vergewissern, wann und wo man landen wird.
9 Weiterdrehen, als ob man an den 360° einen 180° dranhängen wollte.
10 Wenn man Backside 180° bereits sicher beherrscht, sollte das Landen eigentlich kein Problem darstellen.
11 Beine ausstrecken und die Landung mit den Knien abfedern.
12 Und wieder etwas gelernt!

Backside 720° Mute Grab Marko Grilc

1. In der Hocke anfahren.
2. Zwei volle Drehungen verlangen einiges an Drehmoment, deshalb den Oberkörper unter Spannung entgegen der geplanten Drehrichtung aufziehen, um genügend Schwung zu entwickeln.
3. Dann ein kräftiger Absprung und gleichzeitiges Eindrehen von Kopf und Oberkörper in Richtung Tail.
4. Beine wieder anziehen, kompakt werden und den Mute Grab einleiten.
5. Mit der vorderen Hand zwischen den Bindungen an die Zehenkante greifen.

6 Der Mute Grab unterstützt Kopf und Oberkörper dabei weiter in Richtung des Backside Spins zu drehen ...
7 Grab halten, kompakt bleiben und weiterdrehen.
8 Bei diesem Backside 720° wurde ein wenig vom hinteren Fuß abgesprungen, deswegen ist der Fahrer nicht ganz gerade in der Luft.
9 Cool bleiben und weiterdrehen.
10 Wenn man 540° geschafft hat, sind die letzten 180° nicht mehr schwer.
11 Landen wie beim Backside 360°.
12 In die Knie gehen, Aufprall abfedern und den Jubelreflex unterdrücken.
13 Sehr gut!

Switch Kicker

Wer so weit in die Freestyle-Materie vorgedrungen ist, daß er sich nun der Switch-Kicker-Passage dieses Buches widmen will, sollte bereits einigermaßen sicher switch fahren können. Schließlich sind 180° und 540° mit ihren Switch-Landungen bereits Bestandteil des Repertoires. Zwischen switch landen und weiterfahren und switch anfahren und punktgenau den Absprung treffen, liegen allerdings Welten. Deswegen ist es ratsam, sich ein wenig Zeit zu nehmen und das Switch-Fahren an sich zu üben. Man nimmt sich am besten vor, die Strecken zwischen Lift, Funpark und Bergrestaurant sowie die abendliche Talfahrt allesamt switch zu bewältigen. Dabei sollte man darauf achten, genau so zu fahren, als ob man „normal" unterwegs wäre, d.h. zu versuchen, gedriftete und geschnittene Schwünge zu kombinieren und je nach Gelände kleinere Ollies und Nollies in die Pistenfahrt zu integrieren.

Gerade am Anfang ist der Switch Ollie ein Ding der Unmöglichkeit, daran sollte man aber nicht verzweifeln. Es braucht seine Zeit, bis man die Bewegungsabläufe auch „andersrum" automatisiert hat. Nicht umsonst sind viele Pros der Ansicht, daß ihnen ein Switch Backside 540° leichterfällt, als beispielsweise ein Switch Backside Air. Warum? Nun, der Switch Backside 540° ist, was die Drehung angeht, dem Frontside 540° sehr ähnlich. Nur eben switch angefahren und mit einem anderen Namen versehen. Der Switch Backside Air hingegen ist eine komplett neue Bewegung und eben deshalb so schwierig.

Wer an dieser Stelle denkt „So schwer kann das ja nun nicht sein", sollte mal versuchen, switch Schuß zu fahren, ohne die Kanten einzusetzen. Viel Spaß dabei.

Bleibt anzumerken, daß der Switch Frontside auch gerne als Cab bezeichnet wird, das beim Cab die Grabs so heißen wie bei den Regular-Tricks, bei switch hingegen etwa aus einem Frontside ein Mute Grab wird und das Switch- bzw. Cab-Tricks genauso eingeleitet und durchgeführt werden wie Regular-Tricks. Nur eben andersherum. Klar, oder?

Half Cab Backside Tweaker Stefan Gimpl

1 Auch bei switch: In der Hocke anfahren.
2 Gerade auf den Kicker zufahren!
3 Schultern dabei parallel zur Zehenkante halten.
4 Beim Abspringen den Oberkörper leicht in Richtung Tal aufdrehen und mit einem Switch Ollie vom Kicker abspringen.
5 In der Luft die Beine wieder anziehen und kompakt werden.
6 Hier sind bereits 90° geschafft und der Backside Grab wird gestartet.

7 Dazu mit der hinteren Hand an die Fersenkante greifen, das Brett herumziehen und tweaken.
8 Landung anvisieren und den Grab halten.
9 Beine ausfahren, Aufprall abfedern und fertig.

Switch Frontside 360° Frontside Nosebone Stefan Gimpl

1 In der Hocke anfahren.
2 Abspringen wie beim Half Cab, also von der Fersenkante gerade aus dem Kicker heraus und mit Ollie Pop!
3 Dabei ein bißchen mehr Drehmoment mitnehmen, d.h. Schultern und Kopf drehen vor.
4 Der Switch Frontside Grab hilft dabei, die Drehung fortzusetzen. Nach 180° ist der Trick eigentlich schon geschafft.
5 An dieser Stelle kann man sich vorstellen, einen Backside 180° nachzulegen.

6 Die Landung einleiten.
7 An den Beinen vorbei auf den Landepunkt schauen und in die Knie gehen.
8 So, und jetzt das ganze an einem größeren Kicker!

Cab 540° Tailgrab Sani Alibabic

1 In Ollie-Position gerade auf den Kicker zufahren.
2 Den Oberkörper ein bißchen in Richtung Switch Backside aufziehen, um Schwung für den Switch Frontside Spin zu bekommen.
3 Dann in einer Bewegung von der Fersenkante abspringen und Kopf und Oberkörper in Richtung Frontside vordrehen.
4 Sich nach 180° in die Drehung fallen lassen und dann ans Tail greifen.
5 Dabei Kopf und Oberkörper immer weiterdrehen.
6 Die letzten halben Drehungen verlaufen wie beim Backside 360°.

7 Man vollendet den Trick auch wie den Backside 360°. Den Grab möglichst lange halten und kompakt bleiben.
8 Landepunkt anpeilen, Beine strecken und ...
9 Landen!
10 Gut gemacht.
11 Beim Weiterfahren über alternativen Tricknamen nachdenken.
12 Switch Frontside 540° Nosegrab würde passen.

Switch Frontside 720° Tailgrab Marko Grilc

Der Switch Frontside 720° Tailgrab sieht nicht nur sehr gut aus, seine Beherrschung bleibt leider auch nur den sehr guten Fahrern vorbehalten. Vom Bewegungsablauf her, ist er absolut identisch mit seinem regular angefahrenen Pendant, nur eben gespiegelt. Deshalb an dieser Stelle noch ein paar allgemeine Tips.

1 Bevor man auf den Kicker zufährt, sollte man den Trick unbedingt für sich visualisiert haben!

2 Ob der Siebener klappt, entscheidet sich beim Absprung. Also volle Konzentration auf den Absprung.

3 Unbedingt die Körperspannung halten!

4 Nicht ans Brett greifen und sich daran festhalten, sondern es aktiv in die Richtung des Spins führen!

5 Der Trick erfordert viel Übung. Vor der ersten gelandeten Ausführung stehen viele Stürze. Nicht verzagen!

6 Alles Gute!

Switch Backside 180° Mute Grab Stefan Gimpl

1 In der Hocke anfahren.
2 Schultern beim Anfahren parallel zur Zehenkante.
3 Man muß in einer Bewegung von der Zehenkante abspringen und dabei den Oberkörper in Richtung Berg drehen.
4 Hier wird switch Mute gegriffen, d.h. mit der vorderen Hand an die Zehenkante.
5 Außerdem das hintere Bein durchstrecken, was aus dem Mute Grab einen Mute Tailbone macht.

6 Nach 90° sollte man eigentlich am hinteren Bein vorbei bereits die Landung erspähen können.

7 Beine ausfahren.

8 In die Knie gehen, Aufprall abfedern.

9 Im Grunde ein ziemlich leichter Trick, oder?

Switch Backside 360° Stalefish Grab Stefan Gimpl

1 In der Hocke anfahren.
2 Abspringen genau wie beim Backside Dreier, also ein bißchen Schwung holen, Zehenkante, Ollie Pop und den Oberkörper mitnehmen.
3 In der Luft wieder kompakt werden.
4 Dann der Switch Stalefish Grab: Mit der hinteren Hand zwischen den Bindungen an die Zehenkante greifen.
5 Mit Kopf und Oberkörper die Drehung aufrechterhalten.
6 Den Grab so lange wie möglich halten.

7 Zum Landen die Beine ausfahren, dann genau wie beim Frontside 180°.

8 Landepunkt anvisieren. Aufprall schlucken.

9 Bestens!

Switch Backside 540° Indy Grab Marko Grilc

1 Psychologischer Trick: Beim Anfahren daran denken, wie leicht einem Switch 540° fallen.
2 Das Brett auf Switch drehen und in die Knie gehen.
3 Beim Abspringen darauf achten, daß man gerade aus dem Kicker fährt.
4 In einer Bewegung von der Zehenkante abspringen und Oberkörper und Kopf in Richtung Berg eindrehen.
5 Beine anziehen und mit der hinteren Hand zwischen den Bindungen an die Zehenkante greifen. Nicht mit dem Grab die Drehung stoppen!

6 Kopf und Oberkörper weiterdrehen, nach 450° an der Zehenkante vorbei die Landung anpeilen.
7 Grab lösen und Beine strecken, fertig drehen und landen.
8 Aufprall abfedern.
9 Sehr gut!

Switch Backside 720° Mute Grab Marko Grilic

Wer den Switch Backside 720° Mute im Repertoire hat, kann sich bereits zu den Fortgeschrittenen zählen. Für die ganz Ambitionierten, hier also ein Trick, mit dem auch Contests zu gewinnen sind.

1. Darauf achten, gerade aus dem Kicker herauszufahren.
2. Ein wenig vorrotieren, um Schwung für den 720° zu holen.
3. Der Absprung muß explosiv von der Zehenkante erfolgen.
4. Kopf und Oberkörper in Richtung switch Backside eindrehen und halten!

5 Beine anziehen und kompakt bleiben.
6 Der Switch Mute Grab fällt am Anfang vermutlich am leichtesten, dazu mit der vorderen Hand an die Zehenkante greifen.
7 Hier wird der Trick zusätzlich geboned, d.h. der vordere Fuß durchgestreckt. Um dann noch die Drehung auf 720° zu schaffen, muß man absolut sauber fahren.
8 Kopf und Oberkörper weiterdrehen.
9 Die Landung verläuft praktisch identisch zum Switch Backside 360°.
10 Beine ausstrecken und sicher landen!
11 Wenn alles so klappt: Respekt!

Backflip Christoph Weber

Beim Backflip gibt es nur zwei Möglichkeiten: entweder man liebt ihn oder eben nicht. Obwohl einem ein Backflip nach wie vor maximale Aufmerksamkeit sichert, handelt es sich hierbei im Grunde nicht um einen technisch besonders anspruchsvollen Trick. Er verlangt deutlicher weniger Können als vielmehr Überwindung.

Beim Absprung gilt es, den Kopf in den Nacken zu werfen und ihn in dieser Stellung zu belassen. Verschwindet der Horizont aus dem Blickfeld, ist der Trick beinahe gelaufen. Man sollte es sich allerdings währenddessen keinesfalls anders überlegen und die Bewegung abbrechen. Das könnte tragisch enden.

Die Landung stellt das kleinste Problem dar, schließlich hat man ziemlich genau vor Augen, wo es langgeht. Normalerweise hört man währenddessen von den Umstehenden laute Respektsbekundungen, die aber um so ironischer werden, je mehr Ahnung die Zuschauer vom Freeriden haben. Aber das kann einem ja egal sein, denn erlaubt ist, was Spaß macht.

H A

L F

P I

P E

Ceci n'est pas une pipe

Pipe-Fahren ist nicht leicht. Bevor du dir überhaupt über das Erlernen neuer Tricks Gedanken machst, solltest du dir zunächst die Technik aneignen, die dich über das Coping der Pipe hinaus in die Luft bringt. Und auch die beiden Walls haben so ihre Tücken. Man unterscheidet zwischen Frontside und Backside Wall. Man orientiert sich dabei an der Kante des Bretts, auf der die Walls angefahren werden. Folglich ist die Backside Wall der Regulars die Frontside Wall der Goofys und umgekehrt.

Aber erst mal ganz von vorne: Los geht es mit dem Drop In, dem Einfahren in die Walls. Hier gilt es richtig Schwung zu holen. Das schafft man, indem man so viel wie möglich von der Transition einer Wall mitnimmt und dort durch pushen Tempo macht. Das bedeutet, daß man nicht einfach im rechten Winkel in die Pipe hineinfällt, sondern flach in den oberen Teil der Transition springt und dann durch das Ausstrecken der Beine pusht. Wer mit dem Skateboard gerne in die Mini Ramp geht, kennt das, und hat hier einen Vorteil. Alle anderen werden üben müssen.

Wichtig beim Durchfahren der Walls bzw. der Transitions ist es, so wenig wie möglich von den Kanten des Bretts Gebrauch zu machen. Kanteneinsatz bremst, und wer bremst, verliert an Höhe. Deswegen nur so viel Kante einsetzen, daß man nicht wegrutscht, gleichzeitig immer schön mit Schnitt fahren, also ohne Driftschwünge.

Den Winkel, mit dem man in die Wall hineinfährt, legt man übrigens im Flat fest. Zwischen 70° und 80° zum Coping sind der Normalfall. Auch beim Fahren in Richtung Coping gilt es zu pushen und Schwung zu holen. Also in der Hocke in die Wall einfahren und dann die Beine ausstrecken. Wenn das Timing stimmt, ist man am Ende der Transition fast gestreckt und fliegt aus der Pipe raus.

Um nicht in die Pipe hineinzufallen, sondern wieder oben im steilen Teil der Transition zu landen, sollte man darauf achten sich nicht zu stark von der Wall abzudrücken. Beim Landen in die Knie gehen und sofort wieder mit dem Pushen beginnen, um den Schwung mitzunehmen. Normalerweise gibt es in den Gebieten, die eine Pipe haben, immer gute Fahrer. Von denen sollte man sich möglichst viel abgucken. Den meisten Leuten fällt Pipe-Fahren anfangs schwer. Dafür wird es später immer besser. Also dranbleiben, auch bei Startschwierigkeiten! Denn wenn du erst einmal das Gefühl für die Transitions hast, wird sich nicht nur automatisch der Spaß in der Pipe einstellen, sondern sich auch dein Gefühl fürs Gelände und dein Freeriden verbessern. Also gib ihm!

Stalefish Grab Christoph Weber

1. Auf den richtigen Winkel achten, in dem man in die Wall einfährt. Hier ist er perfekt.
2. Die Schultern parallel zum Coping drehen und pushen.
3. Kurz vor dem Coping sollte man fast völlig gestreckt sein.
4. Nur leicht von der Wall abdrücken! Gerade so, daß man die Neigung des Copings leicht ausgleicht und möglichst weit oben wieder in der Transition landen kann. Das richtige Gespür dafür ist Übungssache!
5. Beine anziehen und mit der hinteren Hand zwischen den Bindungen an die Fersenkante des Boards greifen. Das ist der Stalefish Grab.
6. Wer Lust und vor allem genügend Zeit hat, kann den Stalefish Grab auch noch bonen.
7. Oder, wie hier, einfach entspannt die Flugphase genießen.
8. Landepunkt fixieren, Brett aufsetzen, in die Knie gehen und pushen.

Frontside Nosebone Christoph Weber

Im Prinzip ist der Frontside Nosebone genauso auszuführen wie der Frontside Stalefish, nur daß man diesmal mit der hinteren Hand zwischen den Bindungen an die Zehenkante greift. Wenn man das Brett in den Fingern hat, kann man als nächstes versuchen, das vordere Bein durchzustrecken und zu bonen. Je mehr Höhe man hat, desto besser wird sich das anfühlen. Nicht verzagen, Höhe ist eine Sache von Technik und Selbstvertrauen und kommt in der Regel mit der Übung automatisch. In den Walls und vor allem im Flat nicht bremsen, keine Drifts einbauen und nur so viel Kante verwenden, daß man nicht abrutscht!

Backside Air Christoph Weber

1 Mit ordentlicher Geschwindigkeit in die Wall fahren.
2 Entscheidend ist der Winkel, in dem man sie anfährt. Hier ist er perfekt.
3 Pushen! Dabei so wenig Einsatz der Fersenkante wie möglich.
4 Die Schultern parallel zur Zehenkante halten und das Coping fixieren.
5 Beim Absprung leicht vom Tail wegdrücken und sich in die Pipe drehen. Wenn man schnell genug ist, sollte man sich aus der Wall über das Coping hinaustragen lassen können.
6 Beine anziehen und mit der vorderen Hand Backside Grab ausführen.
7 Das hintere Bein strecken und den Oberköper verdrehen.
8 So sieht ein Backside Air aus.
9 Die Landung fixieren und in die Knie gehen.
10 Pushen und Schwung mitnehmen.

Indy Air Christoph Weber

Der Indy Air ist genauso anzufahren wie zuvor der Backside Air. In der Luft greift man mit der hinteren Hand zwischen den Bindungen an die Zehenkante und streckt das vordere Bein durch – ein klassischer Nosebone. Man kann den Trick variieren, indem man nach Belieben entweder nach oben aus der Pipe heraus, oder nach unten in die Pipe hinein boned. Auch beim Indy gilt: In der Anfahrt nicht bremsen oder driften, sondern sauber und aus einem Guß möglichst viel Geschwindigkeit mit nach oben aus dem Coping herausnehmen.

Air to Fakie Jan Michaelis

1 Die Anfahrt erfolgt wie bei einem ganz normalen Frontside Air.
2 Beim Absprung sollte sich der Blick am Coping entlang bergauf richten. Dann stimmt die Kopfhaltung. Nicht nach unten sehen!
3 Nur bergauf gucken, nicht bergauf fahren!
4 Die Flugphase bewußt genießen.
5 Das Tail grabben und nach Lust und Laune bonen.
6 Landung an der Zehenkante vorbei fixieren und das Brett im richtigen Winkel ausrichten.
7 Bei der Landung wie immer in die Knie gehen.

HEAD
INTELLIGENCE

Frontside 360° Nosegrab Christoph Weber

1. In der Hocke anfahren und pushen.
2. Beim Pushen den Körper in Richtung Frontside, also in Richtung des Copings aufdrehen.
3. Leicht von der Zehenkante abdrücken und den Oberkörper gleichzeitig in Richtung Frontside weiterdrehen.
4. Um kompakt zu bleiben, Beine wieder anziehen.
5. Mit der vorderen Hand mittig an die Nose des Boards greifen und das Brett in Richtung des Spins herumziehen.
6. Landung fixieren.
7. Beine ausstrecken und beim Landen in die Knie gehen.
8. Pushen und Schwung mitnehmen.
9. Jetzt fährt man switch! Ruhig bleiben und in diesem Buch ein paar Seiten weiterblättern: Ein Caballerial bietet sich als nächstes an und ist schnell gelernt.

Backside 360° Mute Grab Iikka Backström

1. Achtung, der Backside Dreier in der Pipe ist ein ziemlich schwieriger Trick, weil man zwei Drittel der Flugphase blind unterwegs ist.
2. Beim Anfahren in die Knie gehen und durch die Wall pushen.
3. Die Schultern parallel zur Zehenkante halten und Brett so plan wie möglich in die Wall legen.
4. Moderat über das Tail abdrücken und dabei den Oberkörper in Richtung Tail eindrehen.
5. Direkt nach dem Absprung merkt man schon, ob alles gut läuft und ein Backside Spin daraus wird, oder doch eher ein totales Desaster.
6. Im Falle des Backside Spin sollte man sofort kompakt werden und den Oberkörper weiterdrehen. Im Falle eines Desasters hat man praktisch keine Reaktionsmöglichkeiten, da man blind unterwegs ist.
7. Hier wird Mute gegriffen, also mit der vorderen Hand zwischen den Bindungen an die Zehenkante. Der Mute Grab unterstützt die Backside-Drehung.
8. Auf jeden Fall kompakt bleiben und an der Zehenkante vorbei die Transition einsehen.
9. Gelandet wird wie beim Backside 180° über den Kicker, nur mit noch mehr Gefühl.
10. In die Knie gehen, landen und switch pushen.

McTwist Iikka Backström

1 Bevor man den McTwist in Angriff nimmt, sollte man sichere Backside 540° über den Kicker beherrschen. Mit viel Geschwindigkeit in die Wall fahren.
2 Pushen und Schultern parallel zur Zehenkante halten.
3 Beim Abspringen über das Tail wegdrücken und dabei Kopf und Oberkörper in Richtung Tail eindrehen.
4 Kompakt werden.
5 Sich überwinden und richtig in den Spin hineinfallenlassen – ein Mute Grab wird dabei helfen.
6 Tailbone zum stylen, d.h. das hintere Bein durchstrecken.
7 Kopf und Oberkörper weiterdrehen, bis die Transition zum Landen in Sicht kommt.
8 Die Rotation wird durch das Lösen des Grabs und „Aufmachen" des Oberkörpers gestoppt. Also nicht zu früh die Körperhaltung öffnen!
9 Beine ausstrecken und landen.
10 In die Knie gehen und pushen.
11 Wer einen McTwist kann, sollte sich mal bei Contests sehen lassen.

Frontside Alley Oop Nosebone Fredi Kalbermatten

1. Beim Anfahren unbedingt darauf achten, nicht „bergauf" zu fahren!
2. Die Anfahrt in der Wall erfolgt wie bei einem Backside Air, allerdings dreht man die Schultern in die andere Richtung, zum Coping.
3. Man läßt sich auf der Backside-Kante einfach aus der Wall tragen und dreht dabei den Kopf Richtung Frontside auf.
4. Mit der hinteren Hand an die Zehenkante greifen und dabei über die vordere Schulter in die Pipe schauen.
5. Bonen und genießen.
6. Beine zum Landen ausfahren.
7. Landung abfedern und pushen.
8. Zeit, sich den nächsten Trick zu überlegen. Wie wäre es mit einem massiven Stalefish oder einem Air to Fakie an der Frontside Wall?

Backside Alley Oop Indy Christoph Weber

1. Anfahren wie bei einem Frontside Air.
2. Pushen!
3. Im Moment des Absprungs Kopf und Oberkörper in Richtung Backside eindrehen.
4. Achtung: Nicht in die Pipe abdrücken, sondern nach oben heraus!
5. Beine anziehen.
6. Mit der hinteren Hand zwischen den Bindungen an die Zehenkante greifen.
7. Einfach den Punkt fixieren, wo man landen will. Dann klappt der Alley Oop.
8. Bonen, d.h. das vordere Bein durchstrecken!
9. Zum Landen die Beine ausstrecken.
10. In die Knie gehen, Aufprall abfedern.
11. Pushen.

Backside 360° Alley Oop Nosegrab Risto Mattila

1. Anfahrt wie beim Backside Alley Oop.
2. Auf keinen Fall „bergauf“ anfahren, sondern die Linie halten.
3. Über die Zehenkante abspringen, aber mehr Schwung für einen Backside Spin mitnehmen, als beim normalen Alley Oop.
4. Kopf und Schulter eindrehen und dabei unbedingt kompakt bleiben.
5. Die Nose mittig greifen. Kompakt bleiben!
6. Der Trick verleitet dazu, mit den Augen an der Landung „hängen“ zu bleiben. Das sollte nicht passieren, statt dessen den Kopf ein Stück weiterdrehen.
7. Das Fliegen mit dem Rücken zur Pipe ist manchmal unangenehm. Man gewöhnt sich aber daran.
8. Kompakt bleiben und die Landung an der Zehenkante vorbei anvisieren.
9. Entspannt bleiben, in die Knie gehen und landen.
10. Switch pushen für den nächsten Trick!

FLOW

Caballerial Indy Jan Michaelis

1. Switch auf die Wall zufahren wie normal, diesmal nur eben spiegelverkehrt.
2. Pushen und die Frontside-Kante gleichmäßig belasten.
3. Mit dem Oberkörper ein wenig Schwung holen und sich beim Absprung dann switch Frontside eindrehen.
4. Wie immer gibt die Drehung des Kopfes die Richtung der gesamten Drehung vor.
5. Nach etwa einem Drittel der Drehung mit der vorderen Hand an die Zehenkante greifen und bonen.
6. Die Stelle der Wall fixieren, an der die Landung erfolgen wird.
7. Das Landen selbst ist der einfachste Teil des Caballerial.
8. Und wieder pushen, um Schwung für den nächsten Trick zu haben.

Haakenflip Christophe Schmidt

1. Mit hoher Geschwindigkeit switch anfahren.
2. Beim Abspringen abdrücken wie beim Caballerial, allerdings muß man in den Spin deutlich mehr Drehmoment mitnehmen.
3. Dann Kopf und Oberkörper (vorsichtig) in Richtung Flat eindrehen. Dadurch kommt man in die Inversion, die Überkopflage.
4. Mit der vorderen Hand switch Indy ans Brett greifen. Aber nicht nur festhalten, sondern aktiv weiterdrehen.
5. Ist der Spin einmal angesetzt, gibt es kaum Korrekturmöglichkeiten.
6. Entscheidend ist der Impuls, mit dem der Spin gestartet wurde.
7. Auch hier ist das Landen relativ einfach, weil die Landung früh einsehbar ist. Sofern man den Überblick behalten hat.
8. In die Knie gehen und pushen nicht vergessen.

Tip: Je weniger man sich beim Abspringen in Richtung Flat lehnt, desto waagerechter wird der Spin ausgeführt. Die Grenzen zwischen Haakenflip und Switch Frontside 720° sind fließend, folglich liegt es an jedem einzelnen, ob man eher einen Spin oder einen Flip bevorzugt ...

Handplant Tom „Beckna" Eberharter

1. Die Anfahrt erfolgt wie bei einem Backside Air.
2. Obwohl man beim Handplant ja nicht weit aus der Pipe herausspringt, braucht der Trick viel Schwung!
3. Am Coping muß man sich überwinden und sich extrem nach hinten Richtung Tail lehnen.
4. Mit der vorderen Hand ans Brett greifen, mit der hinteren auf dem Coping abstützen.
5. Ausbalancieren.
6. Den Handplant durch Zurückfallen in die Pipe „auflösen" und pushen für den nächsten Trick.

VANS

Frontside Invert Jonte Evardson

1 Die Anfahrt erfolgt genau wie zu einem Frontside Air.
2 Da der Trick viel Schwung braucht, viel Geschwindigkeit mitnehmen!
3 Über die vordere Schulter auf das Coping sehen, kompakt bleiben und die vordere Hand auf das Coping stellen. Das kann etwas Überwindung kosten.
4 Kompakt bleiben. Nicht abdrücken, sondern das Brett quasi unter dem Körper durchfahren lassen. Dazu das volle Gewicht auf den vorderen Arm legen!
5 Der Frontside Grab läßt einen kompakt bleiben und erleichtert es, die Balance zu halten.
6 Brett in die Transition drehen. Geschafft.

Hips and Corners

Eine Hip (bzw. Corner) zu fahren, bedeutet, du springst wie bei einem Straight Kicker geradeaus ab, landest dann aber seitlich wie beim Pipe-Fahren. Die Absprünge von Hips sind meist ziemlich steil. Folglich geht es weniger um die Weite, als um die erreichbare Höhe. Nahezu senkrecht abzuspringen bedeutet viel Zeit in der Luft und eben wegen dieses Moments des Schwebens, macht das Hip-Fahren soviel Spaß.

Die Schwierigkeit besteht darin, den oberen Teil der Landung präzise zu treffen, um sich nicht Knie und Rücken zu ruinieren. Es ist deshalb empfehlenswert, den Winkel zu prüfen, in dem man aus der Corner springt und sich langsam an die persönliche Maximalhöhe heranzutasten. Außerdem gilt es, die Technik der eigenen Spins auf ihre Sauberkeit hin zu checken. Zerschellst du nach einem versuchten Frontside 540° im Knick der Landung, bist du vermutlich nicht geradeaus abgesprungen, sondern seitlich herausgerutscht.

Die Spins auf einer Hip werden genauso „gezählt" wie beim Pipefahren, wobei es 180° nicht gibt, da jeder Straight Air ja bereits ein halbe Drehung ist. Die vollen Drehungen werden switch gelandet, die halben normal, d.h. der Trick, der sich anfühlt wie ein Backside 180° ist in Wirklichkeit ein Backside 360° usw. Bei Spins entgegen der Flugrichtung spricht man wie beim Pipe-Fahren von Alley Oops.

Wichtig für das Gelingen der Spins ist, bei der Anfahrt in die Knie zu gehen, durch die Transition zu pushen und dann kraftvoll abzuspringen. Bei Straight Airs geschieht das plan von der Base, bei Spins von der entsprechenden Kante aus. Allerdings immer so, daß man die Landung noch trifft!

Höchster Hip Transfer aller Zeiten von Josh Dirksen: 34 Fuß

Frontside Tailgrab an der Hip Heikki Sorsa

1. In der Hocke anfahren, pushen und dann einen Ollie machen.
2. In der Luft die Beine wieder anziehen, mit der hinteren Hand ans Tail greifen und bonen.
3. Indem man die vordere Schulter etwas nach hinten nimmt und einen Blick auf die Landung wirft, bringt man sich in ideale Landeposition.
4. Landepunkt fixieren, Grab lösen und Beine strecken.
5. Sauber landen und in die Knie gehen.
6. Dabei auf den „Knick" zwischen Landung und Flat achten.

Backside Air an der Hip Xaver Hoffmann

1. Tief in der Hocke anfahren, dann pushen.
2. Mit einem satten Ollie abspringen.
3. Beine wieder anziehen und Backside greifen.
4. Tweaken und gleichzeitig einen Shifty starten. Das Brett dabei schön in der Hand halten.
5. Zusätzlich das hintere Bein durchgestreckt, ergibt das einen perfekten Backside Air.
6. Landung fixieren und Beine leicht lang machen.
7. Das Brett plan in die Landung legen, ein bißchen mehr Gewicht auf den hinteren Fuß, in die Knie gehen und rausfahren.
8. Am Knick zwischen Landung und Flat noch mal aufpassen, damit man nicht stürzt!

R A

I L

Railway to Heaven

Rails und Snowboarden? Wie paßt das zusammen? Im Skateboarding sind Rails (also Handläufe, Treppengeländer und ähnliches) „natürliche" Obstacles, da sie in Städten überall zu finden sind. Um mit einem Snowboard Rail zu fahren, muß entweder der Snowboarder in die Stadt, oder aber – und das ist meist die einfachere Variante – das Rail in den Schnee. In jedem größeren Funpark finden sich inzwischen Rails in allen möglichen Varianten. „Richtige" Rails außerhalb der Parks zu fahren, erfordert viel Können, Erfahrung und Leidensfähigkeit. Aber auch im Park sollte zuerst die jeweilige Materialbeschaffenheit überprüft werden. Je weicher das Metall, desto leichter bleibt man mit der harten Kante des Boards hängen. Für diesen Fall sollte man darauf vorbereitet sein, auf welchen Untergrund man unter Umständen stürzt.

Grundsätzlich ist es ratsam, sich fürs Rail-Fahren ein eigenes Brett zuzulegen, da Kanten und Beläge stark beansprucht werden. Viele Fahrer benutzen deshalb ausgediente Boards, um bedenkenlos die Kanten rundfeilen zu können und so die Gefahr des Hängenbleibens zu verringern. Damit das Brett gutmütiger reagiert, stellen viele Fahrer zudem ihre Highbacks auf minimale Vorlage. Achtung: Während man die Vorlage zum regulären Fahren auf der Piste wieder umstellen kann, bekommt man eine einmal rundgefeilte Kante nicht wieder scharf! Wer also nur ein Brett zur Verfügung hat, sollte vom Rundfeilen absehen!

Für den Einstieg sind sogenannte Boxen am besten geeignet. Sie bieten eine recht breite Lauffläche und sind daher einfacher zu beherrschen. Trotzdem sollte die Rutschfähigkeit der Oberfläche getestet werden. Am einfachsten geht das mit einem Grind: Dabei fährt man einfach gerade über das Rail. Wenn man entlang eines Rails rutscht und das Brett quer zur Rutschrichtung stellt, spricht man hingegen von einem Boardslide.

Übrigens: Jeder gute Railtrick beginnt mit einem kleinen Ollie auf das Rail. Einfach nur aufs Rail draufzufahren, ist die verpönte Anfängervariante.

Frontside 50/50 Marko Grilc

Ein Rail kann man in der Regel von zwei Seiten anfahren. Wenn die Knie beim Anfahren in Richtung Rail zeigen, spricht man von Frontside, sind es die Fersen, von Backside. Rails, die von oben frontal angefahren werden (was selten ist), bieten Stoff für Diskussionen darüber, ob ein Trick nun Frontside oder Backside zu nennen ist. Für beide Seiten gilt grundsätzlich Folgendes:

1 Anfahren in Ollie-Position, schön in die Knie.
2 Nicht schräg auf das Rail ollien, sondern parallel dazu einen Satz nach

vorne bzw. hinten machen – je nachdem von welcher Seite man anfährt.

3 Brett plan auf dem Rail landen und ein bißchen in die Knie gehen.
4 Grinden! Das richtige Gefühl kommt mit der Übung.
5 Vorzeitige Abgänge immer in die Richtung machen, in die das Brett will! Sonst gerät man in Schräglage und knallt auf das Rail, was schmerzhaft sein kann.
6 Grinden, Grinden, Grinden ... und dann mit einem Ollie vom Rail runter.
7 In die Knie gehen und sich gut fühlen!

Backside 50/50 Marko Grilc

So und jetzt das Ganze noch mal Backside, das heißt mit den Fersen zum Rail anfahren. Wer hier zu hoch olliet und über das Rail rutscht, riskiert schmerzende Schienbeine.

blue-tomato.at
SNOWBOARDSHOP

Nosepress Frode Skarbøe

1 Anfahren wie bei einem normalen 50/50.
2 Wie immer beim Absprung ordentlich wegollien.
3 Beim Landen auf dem Rail Gewicht auf den vorderen Fuß legen und das vordere Bein beugen.
4 Gleichzeitig das hintere Bein durchstrecken.
5 Das Brett sollte gerade über dem Rail gehalten werden, damit es seitlich nicht ausbricht.
6 Grinden.

7 Beim Abgang macht sich ein kleiner Nollie gut.
8 Sehr gut!

Backside Boardslide Marko Grilc

Backside und Frontside werden hier genauso unterschieden, wie beim 50/50. Hier geht es nun ums Sliden, also darum, das Brett querzustellen, was im Falle des Lipslides zu Komplikationen führen kann.

1. Anfahren in Ollie-Position.
2. Ollie Pop und dabei einfach das Brett aufs Rail ziehen.
3. Beim Landen auf dem Rail Gewicht ein wenig mehr auf die Fersenkante verlegen.

4 Darauf achten, daß sich das Rail mittig zwischen den Beinen befindet.
5 Sliden.
6 Und runter …

Frontside Boardslide Marko Grilc

1 Anfahren in Ollie-Position (Rail auf der Frontside).
2 Ollie in Richtung Rail und gleichzeitige einen Backside Shifty machen.
3 Das Brett gefühlvoll auf der Zehenkante aufsetzen, dabei etwas mehr Gewicht auf dem vorderen Fuß.
4 Beim Sliden talwärts schauen und die Spannung im Shifty aufrecht halten.
5 Wenn's beim ersten Mal klappt ... Respekt!

blue-tomato.at
SNOWBOARDSHOP

Frontside Lipslide Marko Grilc

1 Anfahren in Ollie-Position, diesmal mit dem Rail auf der Frontside.
2 Gut abdrücken, denn man muß das Tail über das Rail bekommen, ohne hängenzubleiben.
3 Ollie Pop und gleichzeitig einen kleinen Shifty machen, um das Brett in Lipslide-Position zu bringen.
4 Das Brett über die Fersenkante gefühlvoll aufs Rail legen.
5 Sliden.
6 Und runter.

BURTON

Backside Lipslide Marko Grilc

1 Anfahren in Ollie-Position (Rail auf der Backside).
2 Einen kraftvollen Ollie machen, schließlich muß das Tail übers Rail drüber.
3 Einen Backside Shifty ausführen und hoffen, daß man gut gezielt hat.
4 Brett über die Zehenkante gefühlvoll aufsetzen.
5 Den Backside Lipslide über den vorderen Fuß ausbalancieren.
6 Hier ist alles super, aber der Backside Lipslide ist ein schwieriger Trick, also nicht aufgeben, wenn er nicht sofort klappt.
7 Beim Landen in die Knie gehen.

blue-tomato.at
SNOWBOARDSHOP
blue-tomato.at
blue-tomato.at

Frontside 5-0 Frontside 180° out Marko Grilc

1 Anfahren wie beim Frontside 50/50.
2 Ollie und Hop!
3 Das Brett auf das Rail setzen und das Gewicht auf den hinteren Fuß verlagern, so daß die Nose es nicht berührt. Die Bezeichnung dafür kommt vom Skatboarding: 5-0.
4 Gewicht auf dem hinteren Fuß halten.
5 Kurz vor Ende des Rails den Oberkörper Frontside eindrehen.

6 Vom hinteren Fuß wegspringen und das Brett Frontside herumziehen.
7 Und ab in die Knie!

Tailslide 270° off Marko Grilc

1 Anfahren wie beim Backside Boardslide.
2 Mit einem Ollie abspringen und das Brett aufs Rail ziehen.
3 Das Board in Richtung Nose schieben und den Tailslide auf dem hinteren Fuß ausbalancieren.
4 Sliden.
5 Mit dem Oberkörper Schwung holen wie für einen Frontside Spin.
6 Über den hinteren Fuß abspringen wie bei einem Frontside 360°.
7 270° Frontside drehen, landen und in die Knie gehen.

Barely Grind Marko Grilc

1 Anfahren wie beim Backside Boardslide.
2 Dementsprechend den Ollie aufs Rail ziehen.
3 Gewicht auf den vorderen Fuß verlegen.
4 Dabei das Brett in Richtung Tail über das Rail schieben.
5 Den Slide auf dem vorderen Fuß ausbalancieren.
6 Beim Abgang einen kleinen Nollie machen.
7 Fertig.

blue-tomato.at
blue-tomato.at
blue-tomato.at

50/50 Ollie out to 50/50 Björn Hartweger

1 Die Box mit ordentlich Speed anfahren. Danach läuft alles genauso wie bei einem normalen 50/50.
2 Der erste Teil der Box wird gegrindet. Kurz vor dem ersten Kink ist es Zeit für einen Ollie.
3 Ziel ist es, den waagerechten Teil der Box komplett zu überspringen.
4 Wie in der Landung eines Kickers, setzt man im letzten Teil der Box auf.
5 Das heißt: In die Knie gehen, grinden und im Idealfall einen kleinen Ollie von der Box herunter machen.

ton
R.E.D.
BURTON

50/50 Ollie out to Boardslide to Fakie Marko Grilc

1. Mit viel Schwung anfahren und einen 50/50 ansetzen.
2. Kurz vor dem Kink einen kräftigen Ollie machen.
3. Den Oberkörper in der Luft um 90° Frontside drehen, das Brett folgt.
4. Ein bißchen nach vorne legen, um im steilen Teil der Box zu landen.
5. Fersenkante zuerst aufsetzen, dann sliden.
6. Der Rest des Drehmoments, der von der Drehung zum Boardslide übrig ist, kann genutzt werden, um beim Abgang von der Box einfach noch mal 90° weiterzudrehen.

7 Beim Landen wie immer in die Knie gehen.
8 Schön!

Tip: Wer nicht fakie von der Box herunter will, kann an Stelle des Boardslides einfach einen Shifty machen und den Oberkörper in Fahrtrichtung halten!

50/50 FS 180° to switch 50/50 to switch FS Boardslide 90° off
Björn Hartweger

Im Grunde wird hier ein Frontside 360° gefahren, allerdings auf einer Box, zudem werden verschiedene Grinds und Slides miteinander kombiniert. Um es sich einfacher zu machen, sollte man während des laufenden Tricks den Oberkörper bereits für den nächsten vordrehen!

1 Einen Ollie und einen 50/50 machen.
2 Oberkörper vordrehen und über den Kink das Brett auf switch 50/50 drehen.

3 Switch Grinden und den Oberkörper weiterdrehen.
4 Über den Kink hinwegrutschen, das Brett dem Oberkörper folgen lassen und switch Frontside boardsliden.
5 Beim Abgang in die Knie gehen.
6 Ein solch sauberer Abgang erfordert viel Übung!

MO
RE

Tips von David Benedek & Stefan Gimpl

Gerade wenn aller Anfang schwer ist, sind Tips aus erster Hand hilfreich. Im deutschsprachigen Raum gehören David Benedek aus München und Stefan Gimpl aus Leogang zu den erfolgreichsten und besten Freestylern.

Wie lernt man neue Tricks?

David: Indem man es wirklich will. Dazu muß man sich genau überlegen, wie der Trick funktionieren könnte. Man sollte sich immer darüber im Klaren sein, was man macht und nichts dem Zufall überlassen.
Stefan: Genau. Zuerst passiert der Trick im Kopf. Erst wenn man ihn sich Bild für Bild vorstellen kann, sollte man einen Trick probieren.

Worauf sollte man beim Lernen neuer Tricks achten?

Stefan: Auf die Landung. Ohne einen perfekten Stomp ist der ganze Trick nichts wert.
David: Und darauf, es langsam anzugehen. Es gibt zwar eine Handvoll Tricks, bei denen ein „Herantasten" nicht möglich ist, aber im Großen und Ganzen kann man sich immer Aufwärmen und ähnliche Tricks machen, bis man sich ready fühlt.

Schützt ihr euch mit Protektoren?

Stefan: Ja. Vor allem, wenn es hart und eisig ist. Helm und Rückenschoner ...
David: Mache ich genauso. Weiche Knieschoner trage ich eigentlich auch immer, die halten schön warm.

Was macht einen Trick technisch anspruchsvoll, bzw. welche Tricks werden tendenziell überschätzt?

Stefan: Backflips!
David: Es ist eigentlich viel schwieriger komplett gerade zu drehen. Außerdem überschätzen viele Leute ihr Können und üben an viel zu großen Kickern. Das macht keinen Sinn, vor allem weil kürzere Tables mit steileren Absprüngen oftmals eine längere Airtime haben als die Rekordweitsprünge.

Was ist für euch Style?

David: Das wichtigste von allem. Man kann den schwierigsten Trick machen, doch mit schlechtem Style schaut er trotzdem schrecklich aus. Also, alles schön sauber machen.
Stefan: Style ist vor allem eine gute Technik. Wenn einer kontrolliert durch die Luft fliegt, sieht das schon ganz gut aus. Wenn er dann den Tricks auch noch ein Extra dazugibt, dann ist das Style. Das kann ein langer, schöner Grab sein, die richtige Kopfposition, wenn man sehen kann, daß einer die Landung anvisiert. Solche Sachen halt.

Wie ging es bei euch mit dem Snowboarden los?

Stefan: Ich habe mit 12 Jahren angefangen und richtig Pro geworden bin ich nach meinem ersten Air & Style-Sieg.
David: Ich bin einfach mit ein paar Freunden aus Spaß Contests gefahren. Irgendwann verselbstständigte sich das Ganze. Man wird besser, bekommt erste Sponsoren und bevor man sich versieht, macht man nix anderes mehr.

Ihr habt beide schon einmal den Air & Style gewonnen, Stefan schon dreimal. Was ratet ihr einem jungen Snowboarder, der es auch einmal so weit bringen will?

David: Einfach viel fahren und sich eine motivierte Gruppe von Fahrern suchen, in der man sich gegenseitig helfen und pushen kann. Contests fahren sollte man auch, weil's Spaß macht und man von möglichen Sponsoren gesehen werden kann.
Stefan: Ja! Fahren und nie den Spaß am Snowboarden verlieren!

Wo geht ihr am liebsten fahren und worauf achtet ihr bei der Auswahl eines Skigebiets?

Stefan: Ich fahre am liebsten dort, wo der beste Schnee liegt und das Gelände steil ist. Sonst hab ich gern gute Parkkicker, die steile Landungen haben. Es sollte auch nicht zu voll sein. Das wären die perfekten Bedingungen, aber eigentlich bin ich jedesmal happy, wenn ich irgendwas zum Springen hab.
David: Kommt ganz auf die Jahreszeit an. Im Frühling dort wo die besten Parks stehen und im Winter, wo der beste Schnee ist. Natürlich meide ich so gut wie möglich die großen Urlaubsskigebiete.

Worum geht es eurer Meinung nach beim Snowboarden?

David: Um den Spaß an der Freud ...
Stefan: ... und um dich selber! Steile Rinnen zu fahren, über Cliffs zu springen oder 5 Meter kopfüber in der Luft zu hängen, das alles gibt mir das Gefühl lebendig zu sein. Du bist frei von irgendwelchen Alltagsproblemen und denkst an gar nichts, wie ein Kind.

David Benedek
Geboren: 1980
Lieblingsresort: Alaska
Results: 1. Air & Style 2002, Rider of the Year 2002, 2003

Stefan Gimpl
Geboren: 1979
Lieblingsresort: Saalbach
Results: 1. Air & Style 1999, 2000, 2001

Girls just wanna have fun

Geht es um Frauen im Snowboarding, hat man oft den Eindruck, als sei die Rede von einer bedrohten Randgruppe. Stets wird wiederholt, Snowboarderinnen erhielten weniger Preisgeld bei Contests und weniger Aufmerksamkeit in den Medien, es gebe weniger Video-Coverage über sie und außerdem führen die weiblichen Profis im Vergleich zu ihren männlichen Kollegen auf einem wesentlich niedrigeren Niveau. Exkurse über mangelnde Muskelmasse und fehlenden Mut wechseln sich ab mit wütenden (weiblichen) Aufrufen zur Revolution. Ungeachtet des ganzen Geredes hat sich gerade bei den Damen in den letzten Jahren einiges bewegt. Anlaß genug sich mit zwei weiblichen Profis über den Sport und ihre Sicht der Dinge zu unterhalten. Silli Mittermüller ist auf dem besten Weg, sich als Top-Fahrerin zu etablieren und ist Vollzeit als Profi unterwegs. Nicola Thost hat den Snowboardsport wie kaum eine andere Frau beeinflußt und ist auch nach dem Ende ihrer Profikarriere daraus nicht wegzudenken.

Noch immer wird Snowboarden als Männerdomäne gesehen. Wie seht ihr das?

Nicola: Women-Snowboarding ist den letzten Jahren enorm gewachsen. Nicht nur das Riding-Level ist gestiegen, mittlerweile liegt der Frauenanteil beim Snowboarden bei über 40 Prozent!

Silli: Zudem kann ein hübsches Gesicht zwar den Einstieg erleichtern, aber wenn man als Fahrerin wirklich ernstgenommen werden will, muß man schon beweisen, daß man mehr kann.

Nicola: Vielen Mädels geht es auch einfach nur um den Fun im Schnee und nicht in erster Linie um den permanenten Vergleich oder darum, wer den höchsten Air des Tages hinlegt.

Habt ihr euch dadurch verändert, ständig auf Reisen zu sein, noch dazu vor allem mit Männern?

Silli: Man wird unkomplizierter. Wenn du 15 Stunden im Flugzeug sitzt, geht es nicht darum, schön auszusehen. Man lernt ein gutes Bett zu schätzen und einen Zimmerpartner, der nicht schnarcht. Außerdem werde ich immer besser im Packen. Wegen der Gewichtsbeschränkung bei Flügen kann man nicht Frauen-like seine ganze Garderobe mitnehmen.

Nicola: Jungs sind straight forward und unkompliziert. Sie nehmen aber auch kein Blatt vor den Mund. Ich hatte damit nie ein Problem und nehme so etwas nicht persönlich. Einerseits stumpft man ab und merkt: Hunde, die bellen, beißen nicht. Andererseits spiegelt sich dieses Frauenbild oft auch in den Snowboardmedien und im Business wider und schreckt viele ab – verständlicherweise.

Gibt es einen Mangel an guten Nachwuchsfahrerinnen?

Nicola: Talente gibt es immer, und wenn man ihnen die Möglichkeit gibt sich zu präsentieren, dann findet man sie auch. Auch die guten Jungs fallen nicht vom Himmel, jedoch sehen sie ihre Vorbilder und Idole tagtäglich in Videos und Magazinen. Eine größere Plattform für weibliche Role-Models motiviert den Nachwuchs und stärkt das Selbstbewußtsein.

Silli: Allerdings kommt es mir so vor, als gäbe es z.B. in Amerika sehr viel mehr Nachwuchs. In Deutschland müßten die Fahrerinnen einfach mehr auf sich aufmerksam machen und offene Contests mitfahren, wie beim Kaunertal Opening.

Klischee Nummer eins: Mädchen finden selbst mit einem mittelmäßigen Fahrkönnen leicht Sponsoren.

Nicola: Es gibt viele Firmen, die zeigen wollen, daß auch sie hinter den Frauen stehen. Dem gegenüber steht nur eine begrenzte Zahl an Top-Fahrerinnen. Ob sich die Firmen jedoch dem Snowboarden und sich selbst Gutes damit tun, einfach wahllos Mädels zu sponsern, ist fraglich.

Silli: Es wird immer Firmen geben, die nicht soviel Ahnung haben, oder die halt einfach ein Quotenmädchen im Team wollen. Im Prinzip finde ich das auch o.k., solange dafür nicht jemand, der Talent hat, keine Unterstützung bekommt.

Klischee Nummer zwei: Mädchen fahren nur Pipe.

Silli: Am Anfang machen das wirklich viele, was aber sicher damit zu tun hat, daß man sich besser rantasten kann. Wenn man einen Kicker oder ein Rail fahren will, braucht es ein bißchen mehr Mut und Selbstvertrauen.

Nicola: Oft hätten das die Jungs auch gerne, damit sie nicht oben an einem Kicker stehen und denken müssen: „Shit, wenn die springt, dann muß ich ja wohl erst recht."

Nicola Thost
Geboren: 1977
Wohnort: Pforzheim
Results: 1. Junior Worlds 1995+ 1996, Olympic Gold Nagano 1998, 1. US Open 98, 99, 1. Nippon Open 2002, 1. Sims WCC 2002
Pro seit/bis: 1996 bis 2002

Silvia Mittermüller
Geboren: 1983
Wohnort: München
Results: 2. X Games Slopestyle 2005, 2. Gravity Games 2005
Snowboard Pro seit: 2002

Rider Profiles

Iikka Backström
Geboren: 1985
Herkunft: Espoo, Finnland
Homespot: Talma

Thomas „Beckna" Eberharter
Geboren: 1976
Herkunft: Mayrhofen/Zillertal, Österreich
Homespot: Secret Zillertal

Jonte Edvardson
Geboren: 1982
Herkunft: Västerás, Schweden
Homespot: Überall

Marko Grilc
Geboren: 1984
Herkunft: Ljubljana, Slowenien
Homespot: Vogel, Schleppe Alm

Xaver Hoffmann
Geboren: 1974
Herkunft: Fürstenfeldbruck, Garmisch, Deutschland
Homespot: Zugspitze

Fredi Kalbermatten
Geboren: 1981
Herkunft & Homespot: Saas Fee, Schweiz

Risto Mattila
Geboren: 1981
Herkunft: Kannus, Finnland
Homespot: Ruka, Finnland

Jan Michaelis
Geboren: 1978
Herkunft: nicht aus Bayern
Homespot: Zugspitze

Christophe Schmidt
Geboren: 1983
Herkunft: Schliersee, Deutschland
Homespot: Spitzing

Christoph Weber
Geboren: 1979
Herkunft: Freiburg i. Br., Deutschland
Homespot: Feldberg

Resorts

Hier eine kleine Auswahl von Skigebieten, in denen man mit gutem Gewissen seine Euro, respektive Franken, läßt.

Arlberg (AT)

Park: ja Pipe: nein Rails: gelegentlich Info: www.arlberg.net
Sonstiges: Funparks gibt es zwar, allerdings geht es am Arlberg hauptsächlich ums Freeriden, das Gebiet ist selbst Funpark genug. Allerdings sollte man sich mit dem Berg und seinen Gefahren sehr gut auskennen!

Dachstein (AT)

Park: ja Pipe: nein Rails: ja Info: www.planai.at
Sonstiges: Der Dachstein Gletscher ist vor allem in der Zwischensaison interessant. Allerdings wetteranfällig. Dafür ist der Funpark wirklich vom Feinsten.

Hintertux (AT)

Pipe: Ja Park: Ja Rails: Ja Info: www.hintertuxergletscher.at
Sonstiges: Im Winter oft angenehm leer, im Sommer einer der besten Gletscherparks.

Kaunertal (AT)

Park: Ja Pipe: Ja Rails: Ja Info: www.kaunertal.com
Sonstiges: Einer der ersten Snowboardparks in Europa überhaupt.
Die „Spring Classics" sind legendär.

Laax (CH)

Park: ja Pipe: eine der besten Europas Rails: ja Info: www.alpenarena.ch
Sonstiges: Die Laaxer Pipe ist eine der besten der Alpen. Wenn nicht die Beste. Auch das Gebiet Laax hat einiges für Freerider zu bieten.

Mayhofen Penken (AT)

Pipe: Ja Park: Ja Rails: Ja Info: www.mayrhofner-bergbahnen.com
Sonstiges: Der Burton-Park bietet wirklich für jeden etwas, an warmen Frühlingstagen nicht zu schlagen.

Saas Fee (CH)

Pipe: Ja Park: Ja Rails: Ja Info: www.saas-fee.ch
Sonstiges: Ganzjähriges Snowboarden möglich. Im Ort selber gibt es außerdem eine lustige Mini Ramp und einen Bolzplatz. Gut für mehrwöchige Internierungen zu Trainingszwecken geeignet, aber teuer!

Silvretta Nova (AT)

Pipe: nur eine Mini Ramp Park: Ja, und was für einer ... Rails: Ja
Info: www.silvrettanova.com
Sonstiges: Ein Geheimtip. Eigentlich viel zu gut, um es bekanntzumachen.

Skihalle Neuss (D)

Pipe: nein Rails: ja Kicker: minimal Info: www.allrounder.de
Sonstiges: Nicht mit den Bergen zu vergleichen, dafür aber mit besserer Currywurst und ernstzunehmenden Rails. Methadon sozusagen.

Spitzingsee (D)

Park: ja Pipe: nein Rails: ja Info: www.goingbig.de/spitzing.html
Sonstiges: Von München aus das Nächste und Beste. Auch zum Freeriden geeignet.

Zugspitze (D/AT)

Park: ja Pipe: ja Rails: ja Info: www.zugspitze.de
Sonstiges: Der Funpark ist meistens in gutem Zustand, bei viel Schnee lohnt es sich nach der „Wächtenabfahrt" zu suchen. Leider ist die Zugspitze sehr wetteranfällig.

Karl Killer, Shaper auf der Zugspitze

Glossar

Airtime: Flugphase während eines Airs.
Alley Oop: Spin in der Pipe oder über eine Corner, der gegen die Flugrichtung gedreht wird.
Backflip: Rückwärtssalto mortale, funktioniert auch auf dem Race Board.
Backside: hier dreht sich der Fahrer mit dem Rücken in Fahrtrichtung. Siehe „Frontside".
Backside Grab: Grab der vorderen Hand zwischen den Bindungen an die Zehenkante des Boards.
Backside-Kante: Fersenkante des Snowboards.
Backside Shifty: Verdrehen des Oberkörpers in Richtung Frontside und der Beine in Richtung Backside.
Backside Spin: Spin, bei dem Kopf und Oberkörper bergwärts drehen. Für Regulars mit, für Goofys gegen den Uhrzeigersinn.
Backside Wall: die Wand der Pipe, die man auf der Backside-Kante anfährt.
Base: Lauffläche des Snowboards.
Blindside: veraltet für Backside.
Board: dein Brett.
Boardslide: seitliches Herunterrutschen eines Rails bzw. einer Box auf der Base des Boards.
Bonen: Durchstrecken eines Beines während eines Grabs.
Booter: Kicker.
Box: Holzkasten mit rutschiger Oberfläche zum Sliden.
Caballerial: aus dem Skateboarden übernommene Bezeichnung für einen Switch.
Cheese Wedge: Kicker, der in der Landschaft herumliegt, wie ein Stück Käse auf dem Tisch.

Contest: Wettkampf.

Contest Run: Wettkampf-Kür, von der man sich hohe Punkte verspricht und die man sicher beherrscht.

Coping: Oberkante einer Pipe-Transition.

Corner: Kicker, dessen Absprung und Landung im 90°-Winkel zueinander stehen. Auch Hip genannt.

Crail: Grab mit der hinteren Hand an die Frontside-Kante vor die vordere Bindung, gleichzeitig hinteres Bein durchstrecken.

Edge: Kante des Snowboards.

Fakie: Rückwärts fahren. Synonym für Switch.

50/50: Grind, bei dem das Board vollständig auf dem Rail/der Box aufliegt.

Fersenkante: Backside-Kante

Flat: der flache Teil der Pipe zwischen den Transitons bzw. der flache Teil hinter einem Kicker bzw. dessen Landung.

Forward Lean: in Grad gemessene, variable Vorlage des Highbacks.

Freeriden: Snowboarden.

Frontside: eine der beiden Drehrichtungen von Board oder Körper. Tricks, bei denen sich in der Vorwärtsfahrt die Brustseite in Fahrtrichtung dreht, bezeichnet man als „Frontside".

Frontside Grab: Grab mit der hinteren Hand zwischen den Bindungen an die Zehenkante.

Frontside Nosebone: Frontside Grab mit Nosebone.

Frontside Shifty: Verdrehen des Oberkörpers in Richtung Backside und der Beine in Richtung Frontside.

Frontside Spin: Spin, der in Richtung Tal gedreht wird. Bei einem Regular entgegen dem Uhrzeigersinn, bei einem Goofy mit dem Uhrzeigersinn.

Frontside Wall: die Wand der Pipe, die man auf der Zehenkante anfährt.

Funpark: „Jugendzentrum" am Berg mit Kickern, Hips, Rails und einer Pipe.
Gap: Loch zwischen Absprung und Landung eines Kickers.
Goofy: Fußstellung, bei der der Fahrer mit dem rechten Fuß vorne steht.
Grab: Griff ans Brett. (s. Grafik)
Grind: längsseitiges Rutschen über eine Box bzw. ein Rail auf der Base des Boards.
Highback: Wadenstütze der Softbindung.
Hip: Kicker, dessen Absprung und Landung im 90°-Winkel zueinander stehen.
Indy: Frontside Nosebone in der Backside Wall der Pipe oder während eines Backside Spins.
Inversion: Überkopfdrehen eines Spintricks.
Japan: Mute Grab mit Tweaker.
Kante: Edge.
Kicker: neudeutsch für Sprungschanze.
Kink: Knick; zu finden in Rails, Transitions und Kickerlandungen.
Lippy: Lipslide.
Lipslide: Boardslide, bei dem das Brett erst übers Rail gedreht werden muß.
Melon Grab: Backside Grab mit einem Nosebone.
Method Grab: besonders stylischer Backside Air mit einem Tailbone, kann sowohl vor als auch hinter der Bindung gegriffen werden.
Mute Grab: Griff mit der vorderen Hand zwischen die Bindungen an die Zehenkante des Snowboards.
Nollie: Ollie, der über die Nose abgesprungen wird.
Nose: Schaufel am Anfang des Snowboards.
Nosebone: Bonen des vorderen Beins.
Nosegrab: Grab mit der vorderen Hand an die Nose des Bretts.

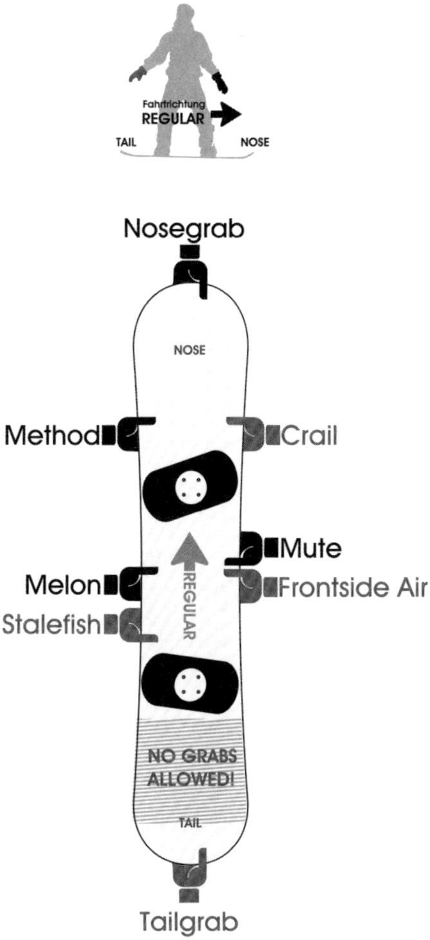
Fahrtrichtung
REGULAR
TAIL
NOSE
Nosegrab
NOSE
Method
Crail
Mute
Melon
Frontside Air
Stalefish
REGULAR
NO GRABS ALLOWED!
TAIL
Tailgrab

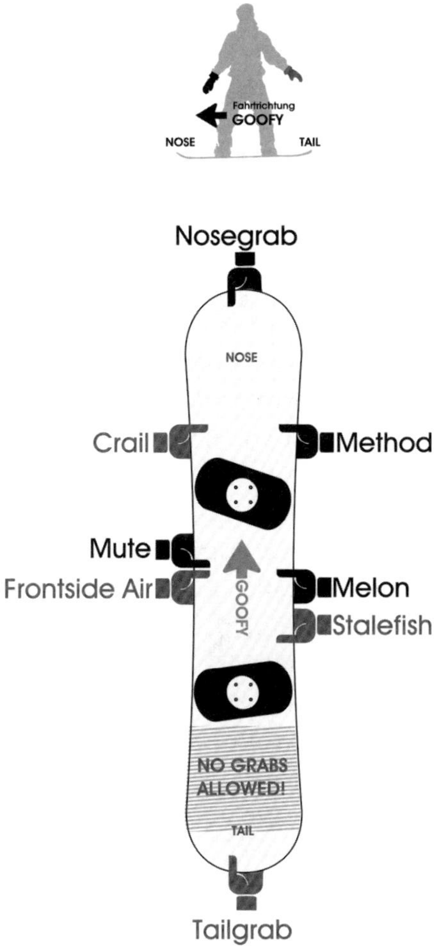
Fahrtrichtung
GOOFY
NOSE
TAIL
Nosegrab
NOSE
Crail
Method
Mute
Frontside Air
Melon
Stalefish
GOOFY
NO GRABS ALLOWED!
TAIL
Tailgrab

Obstacles: Hindernisse im Gelände, also Rails, Baumstümpfe, Boxen, Hips etc.
Ollie: aus dem Skateboarden übernommene Sprungtechnik, um ohne fremde Hilfe in die Luft zu kommen. Der Grundlagentrick.
Pop: die Fähigkeit mit einem Ollie hoch in die Luft zu kommen.
Rail: Treppengeländer, welches zum Snowboarden zweckentfremdet wird.
Regular: Fußstellung, bei der der Fahrer mit dem linken Fuß vorne steht.
Resort: Skigebiet.
Run: Abfahrt bzw. Fahrt durch den Snowpark.
Shredden: Snowboarden.
Slam: Sturz.
Speed: (Anfahrts-)Geschwindigkeit.
Spins: Air mit Drehung(en).
Stalefish Grab: Grab mit der hinteren Hand zwischen die Bindungen an die Fersenkante des Bretts.
Step Up: Kicker, bei dem die Landung höher liegt als der Absprung.
Stiffy: Durchstrecken beider Beine während eines Grabs.
Stomp: saubere und kraftvolle Landung auf dem planen Board.
Style: das flüssige Ausführen von Tricks und das, was dich dabei von anderen unterscheidet.
Switch: andersherum fahren, wenn aus Regular Goofy wird und umgekehrt.
Table: flaches Stück zwischen Kickerabsprung und -landung bzw. der flache Teil der Pipe hinter dem Coping.
Tail: Schaufel am Ende des Snowboards.
Tailgrab: Grab mit der hinteren Hand mittig ans Tail des Boards.

Tailbone: Durchstrecken des hinteren Beins.
Transition: Radius der Halfpipe oder eines Kickers.
Tweak: das Hinter-den-Rücken-Ziehen des Bretts während des Grabs.
Überrotieren: zu viel Drehung bei einem Spin.
Unterrotieren: zu wenig Drehung bei einem Spin.
Verkanten: Hängenbleiben im Schnee mit Backside- oder Frontside-Kante.
Warm Up Run: entspannte Fahrt durch den Funpark, bei dem die Obstacles gecheckt werden.
Zehenkante: Frontside-Kante.

Holger von Krosigk
mit Fotos von Helge Tscharn

ALLES ÜBER SKATEBOARDING
History, Basics, Tricks, Material

176 farbige Seiten, broschiert
ISBN 978-3-932170-93-5 15,80 €

Skateboarding ist Kult. Doch trotz der enormen Präsenz auf der Straße und in den Medien ist es für Außenstehende gar nicht so leicht, Zugang zum Phänomen „Rollbrettfahren" zu finden. „Alles über Skateboarding" liefert die wichtigsten Hilfen zum Einstieg. Ob es um das richtige Anschieben, passende Schuhe und Boards, das erste Handrail, den berüchtigten „Ollie", die korrekte Mode, „Mongopushen" oder Legenden wie Tony Hawk und die Z-Boys geht: Wer sich das Buch zu Herzen nimmt, kennt die Geschichte des Sports mit all seinen Höhen und Tiefen und weiß Bescheid über Videos, Musik, Reisen und viele andere Dinge, die Skateboarding ausmachen.

„Alles über Skateboarding" ist gebündeltes Wissen, ein nützliches „Rundum-sorglos"-Paket für Anfänger, Fortgeschrittene und Interessierte, die den faszinierenden Sport in seiner Gesamtheit kennenlernen wollen.

Holger von Krosigk / Helge Tscharn

ELEMENTS OF STREET
Skateboard Streetstyle Book 2

160 Seiten, zahlr. Abb., broschiert
ISBN 978-3-932170-66-9 12,80 €

Skateboarding hat schon immer eine besondere Anziehungskraft besessen. Für die meisten Skater besteht der Reiz darin, mit einem Board und viel Fantasie die Straßen und Architektur unserer alltäglichen Umwelt zu erobern. Streetskating bedeutet den urbanen Raum nutzbar zu machen; die Möglichkeiten dazu sind schier endlos.

Kontrolle über das eigene Board und das Beherrschen von Tricks sind eine Seite dieses Sports, Kreativität und der richtige Blick für „Spots" eine andere, mindestens ebenso wichtige. Während Holger von Krosigk in seinem ersten Buch „Absolute Beginners" die grundlegenden Tricks und die Philosophie des Streetskatings erläutert, geht er in „Elements of Street" einen Schritt weiter.

Hier zeigt er mit seiner langjährigen Profi-Erfahrung, wie man mit einem Skateboard und ein wenig Können die unterschiedlichen Elemente der Straße nutzen kann: Wie fährt man Rails, Curbs oder Stufensets? Was für Möglichkeiten haben die Obstacles im heimischen Skatepark zu bieten? Wie benutzt man eine selbstgebaute Quarter- oder Halfpipe? „Elements of Street" läßt keine Facette aus.

Wer Interesse an Skateboarding hat und Anregungen einer Anleitung vorzieht, wird viel Spaß an diesem Buch haben.

2. Auflage 2006

ISBN 978-3-932170-78-2

Fahrer Umschlag: Jonte Evardson, David Benedek, Frode Skarbøe
Fahrer Umschlaginnenseite: Christoph Weber
Umschlagportrait von Hansi Herbig: Gian Paul Lozza

Fordern Sie kostenlos unser Verlagsverzeichnis an:
info@tropen-verlag.de

Tropen Verlag GmbH
Senefelderstraße 31
10437 Berlin
www.tropen-verlag.de

Vielen Dank an: All die Fahrer, die mich immer wahnsinnig unterstützt haben; die Skigebiete die uns durchwegs freundlich und unkompliziert mit Liftkarten versorgt haben: Spitzingsee, Dachstein, Mayhofen-Penken, Zugspitze, Laax, Silvretta Nova, June Mountain, Keystone Resort; Action Scouts; Jürgen und Jan; Bene Heimstädt, Michi Bader, Christian Bach, Anke Eberhardt; „91 words for snow"; Gap 1328; Salomon Snowboards; Emanuel Krebs; Burton Snowboards; Bigit, Steffi und Hasi; F2 Snowboards; Tommy und Gilbi; Planet Earth; Zimtstern; Mack Dawg Productions; Brad, Ross und Andy Wright; Pleasure Snowboard Magazine; Onboard Magazine; Mami und natürlich Katja!